Anni Lanz, Manfred Züfle

Die Fremdmacher

edition 8

Über das Buch:
Fremdmacher, Fremde machen: Das ist die Funktion der Schweizer Asyl- und Ausländergesetze, unterstützt von speziellen Schweizer Mentalitäten. Dieses Buch beschreibt, wie die offizielle Asyl- und Migrationspolitik seit 30 Jahren verschärft worden ist, und wie Mentalitäten hergestellt worden sind, die diese Verschärfung absichern. Zugleich dokumentiert der Band den Widerstand gegen diese xenophobe Abwehrpolitik. Von der Arbeitsgemeinschaft Mitenand in den 1970er Jahren bis zu Solidarité sans frontières im 21. Jahrhundert zeigt sich ein Kampf um menschenwürdige Lebensbedingungen für Fremde, die nicht ausgegrenzt werden sollen. Materialreich analysieren Anni Lanz und Manfred Züfle eine unrühmliche Schweizer Tradition von oben, und verleihen den Aktionen von unten Namen, Orte und Stimmen. In einem abschliessenden Gespräch reflektieren Aktivistinnen und Aktivisten die gegenwärtigen Aufgaben. Sichtbar wird eine andere Schweiz: Ohne Illusionen, aber notwendig und trotz aller Niederlagen ermutigend.

Über die AutorInnen:
Anni Lanz, Beizerin, Soziologin, Feministin. Seit über 20 Jahren in der Asylbewegung engagiert. Ehemalige Sekretärin von BODS und sosf. Erhielt 2004 die Ehrendoktorwürde der juristischen Fakultät der Universität Basel, weil sie »als Vertreterin der Zivilgesellschaft zur Wirksamkeit der international garantierten Menschenrechte in der Schweiz« beitrage. »Ja«, bekräftigt sie, »bei diesem Engagement geht es auch um meine Lebensessenz.«

Manfred Züfle, Pädagoge, Schriftsteller, Aufklärer. Zahlreiche Buchveröffentlichungen (Lyrik, Erzählungen, Romane), dazwischen immer wieder politische Sachbücher. Namensgeber von Solidarité sans frontières. Zeitgleich mit diesem Buch erscheint der jüngste Gedichtband *Apokalypse und später.* »Das eigentliche Geschäft des Schriftstellers«, meint er, »besteht für mich darin, die Erinnerung nachzubauen.«

Anni Lanz, Manfred Züfle

Die Fremdmacher

Widerstand gegen die schweizerische Asyl- und Migrationspolitik

Zum Jubiläum von Solidarité sans frontières (sosf)

edition 8

Besuchen Sie uns im Internet. Informationen zu unserem Verlag, unseren Büchern und AutorInnen sowie Rezensionen und Veranstaltungshinweise finden Sie unter www.edition8.ch.

Die Deutsche Bibliothek verzeichnet diese Publikation in der Deutschen Nationalbibliografie; detaillierte bibliografische Angaben sind im Internet abrufbar über http://dnb.ddb.de

Lektorat: Stefan Howald, Korrektorat: Geri Balsiger; Typografie, Umschlag: Heinz Scheidegger; Umschlagbilder: aus der Serie ›sans_papiers‹ von Pierre-Yves Massot, photographer; Druck und Bindung: freiburger graphische betriebe, Freiburg
Verlagsadresse: edition 8, Postfach 3522, 8021 Zürich, Tel. 044/271 80 22, Fax 044/273 03 02, info@edition8.ch www.edition8.ch

ISBN 3-85990-090-x

Inhalt

Vorwort
Wir sind zwanzig geworden. Grund zum Feiern?

Im September 1986 gründete sich die Bewegung für eine offene, demokratische und solidarische Schweiz (BODS). Im Jahr darauf schlossen sich die verschiedensten regionalen und nationalen Asylkomitees zur Asylkoordination Schweiz (AKS), einem zunächst nur lockeren Koordinationsgremium, zusammen. Aus BODS und AKS wurde im März 2000 «Solidarité sans frontières». Wir sind also zwanzig geworden.

Dennoch gibt es hier keine Jubelbroschüre zu lesen. Es kann sie nicht geben, weil die Geschichte der letzten zwanzig Jahre und unsere Geschichte darin nun wirklich keinen Grund zum Jubeln hergeben. Um das zu verstehen, reicht an dieser Stelle ein schneller Blick auf die beiden Jahreszahlen, die diese zwei Jahrzehnte umrahmen: 1986 brachte das Parlament die zweite Asylgesetzrevision auf den Weg – die zweite Revision eines Gesetzes, das erst 1979 verabschiedet worden und 1981 in Kraft getreten war. Ihr Kern war schon damals der Versuch, den Zugang zum Asylverfahren zu erschweren, das Verfahren selbst zu verkürzen und die Bedingungen, unter denen die Flüchtlinge in der Schweiz leben mussten, zu erschweren. Sammelzentren traten an die Stelle der Unterbringung in Wohnungen. Sozialhilfeleistungen wurden gekürzt. Eine »Grenztorlösung« sollte die Asylsuchenden dazu zwingen, ihre Gesuche an eigens dafür vorgesehenen Grenzübergängen zu stellen. Das Referendum gegen diese Verschärfung schlug 1987 fehl.

2006 nun stehen wir vor gleich zwei Referenden: Am 24. September entscheiden die Stimmberechtigten zum einen über das Ausländergesetz, das den legalen Zugang zum schweizerischen Arbeitsmarkt noch stärker auf EU-BürgerInnen beschränkt, das Ehen mit AusländerInnen unter Generalverdacht stellt, das die Rechtsunsicherheit für ImmigrantInnen verstärkt und die Zwangsmassnahmen im Ausländerrecht ausdehnt – ein spezielles Polizeigesetz für die »Fremden« also. Zum anderen über die siebte Revision des Asylgesetzes, das alle Flüchtlinge, die nicht innert 48 Stunden Identitätspapiere präsentieren, aus dem Asylverfahren ausschliesst, das alle Abgewiesenen zu Illegalen macht und ihnen nur noch »Nothilfe« und polizeiliche Repression angedeihen lässt.

Zwischen damals und heute liegen diverse gesetzliche und faktische Verschärfungen, liegen diverse verlorene Referenden, liegt eine stark modernisierte und mittlerweile in Teilen europäisierte, aber im Kern gleich gebliebene Überfremdungsideologie, liegt das wiederkehrende Gefühl, dass man doch nichts machen könne, aber etwas machen muss.

Unsere Geschichte ist also keine Geschichte zum Jubeln. Dass sich immer noch und trotz alledem Menschen für die Rechte von ImmigrantInnen und Flüchtlingen engagieren, ist allerdings ein Grund zum Hoffen und einer zum Nachdenken. Anni Lanz und Manfred Züfle haben die Aufgabe übernommen, uns und den Leserinnen und Lesern die Geschichte des Widerstandes gegen die »Fremdmacher« nahe zu bringen. Sie tun das in einem gekonnten Doppelpass-Spiel.

Anni Lanz präsentiert uns nicht nur eine Chronologie der Verschärfungen und des Widerstandes dagegen, sondern auch die verschiedenen Wurzeln, aus denen dieser Widerstand erwuchs – seien es eher christliche oder eher linke. Sie zeigt uns die Auseinandersetzungen um Strategien. Sie ruft uns die wiederholten Debatten über den Sinn und die Chancen von Referenden ins Gedächtnis, zeigt, dass konkrete Solidarität häufig ausserhalb des gesetzlich Zulässigen stattfinden musste. Und sie weist schliesslich auf die Gefahren der Anpassung an die herrschende Ideologie des Missbrauchs von Rechten hin.

Ihre Darstellung stützt sich auf Papiere und Materialien, die sie im Archiv von Solidarité sans frontières wieder gefunden hat, auf Interviews mit Beteiligten und schliesslich auf ihr eigenes Gedächtnis als langjährige Aktivistin in den diversen Komitees, als Sekretärin zunächst der BODS und danach von Solidarité sans frontières.

Manfred Züfle, Schriftsteller und ebenfalls einer unserer Aktivisten, verortet in seinen »Einblendungen« die Geschichte der offiziellen schweizerischen Asyl- und Migrationspolitik und des Widerstandes in einem breiteren Rahmen: Er zeichnet eine Geschichte der »nach dem jeweiligen Bedarf der politischen Eliten« konstruierten Mentalitäten – von der Geistigen Landesverteidigung bis hin zu den »Puure Zmorge« der SVP –, aber auch eine Geschichte der Aufbrüche gegen die Schweiz der Reichen und Herrschenden. »Hat sich denn nichts geändert?«, lautet die Frage, die er immer wieder stellt.

Ob wir am 24. September 2006 dann doch auch einmal jubeln können, wird sich zeigen. Wie immer die beiden Referenden ausgehen, für eine demokratische und solidarische Schweiz, eine die nicht fremd macht, wird es in jedem Fall weiterhin das Engagement vieler Einzelner brauchen.

Heiner Busch/Balthasar Glättli
Mitarbeiter des Sekretariats von Solidarité sans frontières

Einblendung eins
Verschont und mit aller erdenklichen Zukunft

Ein Regierungsrat sagt 1946, wie es sein wird in diesem Land

Im 1945 neu geschaffenen Sendegefäss *Echo der Zeit* gibt ein *Regierungsrat Henggeler* aus dem Kanton Zürich staatsmännische Auskunft zu einer Situation, die man nach dem Krieg nicht erwartet hatte. »Merkwürdig« sei es doch, sagt ein klug besorgter Interviewer, da habe man nach dem Zweiten Weltkrieg wie nach dem Ersten und dann in den Dreissigerjahren eine grosse Arbeitslosigkeit befürchtet, und nun fehlten die Arbeitskräfte.[1] Der Regierungsrat weiss, was Sache ist: *Hochkonjunktur*. Da seien einmal die stetig wachsenden Aufträge aus dem Ausland, die die Exportindustrie auslasteten. Und im Inland stelle man, wie sich der Magistrat ausdrückt, »angestautes Arbeitsvolumen« fest. In der Landwirtschaft, in der Textilindustrie, im Gastgewerbe, in den Spitälern und in den Hausdiensten, vor allem aber im Bausektor stünden wir vor gewaltigen Aufgaben. Überall fehlten die Arbeitskräfte.

Die Frage, ob sich denn die Lücken nicht durch mehr und bessere Maschinen, durch *»Rationalisierung«* der Arbeit – das Wort fällt schon! – stopfen liessen, beantwortet der Magistrat mit dem Hinweis, die Hochkonjunktur währe ja wohl nicht ewig, die neuen effizienten Maschinen stünden dann in den Betrieben und produzierten, während die Arbeiter arbeitslos würden. Die Lösung bestünde also klüger darin, sich ausländische Arbeitskräfte zu holen.

Der Reporter meldet Bedenken an. Ob denn die Fremden nicht mit niedrigen Löhnen das *Lohnniveau drücken* könnten. Der Regierungsrat zählt auf »aufgeschlossene heimische Arbeitnehmer«, die genau wüssten, dass die Behörden natürlich die notwendigen Massnahmen getroffen hätten. Dass erstens die Arbeitgeberverbände beauftragt seien, an den richtigen Orten die richtigen Arbeitskräfte aufzutreiben, und dass strenge Kontrollen vorgesehen seien. Die Ausweispapiere der ausländischen Arbeiter müssten gültig sein und eine gesicherte Rückkehr in die Heimatländer gewährleisten, »so dass«, regierungsrätlicher O-Ton, »jederzeit der betroffene fremde Arbeiter vom Heimatstaat zurückgenommen wird«.

Auch die *politische Gesinnung* der Fremden werde im Voraus überprüft, und zwar durch die schweizerischen Konsulate im Ausland, und die klärten auch via Vertrauensärzte den Gesundheitszustand der für die Schweiz Arbeitswilligen ab. Es folgt der Einwand des Radiomannes, die Schweizer Arbeiter hätten sehr konkrete heisse Forderungen an die Arbeitgeber, vor allem die Forderung, real gleich viel zu verdienen wie vor dem Krieg, und das könne zu Konfliktsituationen führen. Was denn bei einem *Streik* geschähe, an dem die Ausländer nicht teilnehmen könnten? Für den Magistrat ist es klar, dass die Behörden keinerlei Störung des Arbeitsfriedens dulden würden. Erstens seien die Arbeitgeber verpflichtet, die orts- und branchenüblichen Löhne auch an Ausländer zu bezahlen. Es komme überhaupt nicht in Frage, dass ausländische Arbeiter in einem Konfliktfall als Streikbrecher eingesetzt werden könnten, das allerdings sei auch nicht nötig, denn, regierungsrätlicher O-Ton: »Es ist ja klar, dass jeder Ausländer jederzeit vom Arbeitsmarkt weggenommen und heimgewiesen werden kann, sofern genügend einheimische Arbeiter vorhanden sind.«

So ist der Regierungsrat zutiefst überzeugt, dass besagter »aufgeschlossener schweizerischer Arbeitnehmer« mit der vorgesehenen Lösung der wirtschaftlichen Probleme des Landes einverstanden ist, insbesondere deshalb, weil er sicher sein kann, dass die »Zusammenarbeit zwischen den Arbeitsämtern und der Fremdenpolizei« gewährleistet ist. Also bleibt nur noch die Frage, woher die ausländischen Arbeitskräfte dann kommen sollten. Wünschenswert wären natürlich vor allem Leute aus dem *Vorarlberg* oder aus *Süddeutschland*. Aber dort benötige z.B. die französische Besatzungsmacht, wie im Gespräch ausdrücklich betont wird, die Leute für den Wiederaufbau, und so seien aus diesen Gebieten im Kanton

Zürich nur gerade etwa hundertzwanzig fremde Arbeitnehmer aufgetaucht.

So sei es klar, dass vor allem *Italien* in Frage komme, und zwar brauche es in erster Linie Arbeiter für die Landwirtschaft, dann für den Bau, freilich auch für das Gastgewerbe und die Textilindustrie, wo dann »vor allem weibliche Arbeitskräfte notwendig wären«. Der Interviewer fragt kühn, ob denn der zu erwartende Import von Arbeitskräften genüge? Der Regierungsrat sagt kategorisch: »unmöglich«, und erinnert daran, dass während der Kriegsjahre allein 20'000 Jugendliche immer wieder zum Arbeitseinsatz aufgeboten worden seien, neben einigen Tausend Erwachsenen, und schliesst das zwölf Minuten dauernde Gespräch im *Echo der Zeit* mit den schönen Worten ab: »Jugendliche werden nach wie vor unseren Landwirten helfen müssen, die Ernte einzubringen, damit wir im nächsten Winter Brot haben und leben können.«

»Merkwürdig« allerdings, was da so früh auf den Punkt gebracht wurde. Etwa von 1950 an hat sich das Wort *Fremdarbeiter* im helvetischen Wortschatz etabliert – und damit klar gemacht, worin das wirkliche politische Problem in diesem Land besteht: die Fremden, die uns zu ›überfremden‹ drohen. 1964 kommt es zu einer ersten Überfremdungsinitiative, nachdem im selben Jahr der Bundesrat die Rekrutierung ausländischer Arbeitskräfte kontingentiert hat.

Worum es aber wirklich geht und immer verschärfter gehen wird, hat *Max Frisch* 1965 in einen markanten Satz gefasst: »Man hat Arbeitskräfte gerufen, und es kamen Menschen.« Max Frisch bringt in der Folge wie kein anderer noch einiges auf den Punkt, was diesen Staat und seinen Zustand betrifft.

Die anscheinend stille Zeit vor 1968

Doch bleiben wir noch etwas in der scheinbar so stillen Zeit vor 1968. Da ist in aller Enge schon einiges geschehen, das Text und Kontext bildet für den Zustand, in dem hierzulande mit *Fremdem* und *Fremden* umgegangen wird.

Man könnte vermuten, dass der regierungsrätliche Ton noch an den *Sondervollmachten-Ton des Bundesrates* während des Kriegs erinnert. Die ›Sondervollmachten des Bundesrates‹ wurden denn auch erst 1949 aufgehoben, zwei Jahre nach der Einführung der AHV und im selben Jahr, als das so genannte *Saisonnierstatut* erlassen wurde, das bis zum Inkrafttreten des Personenfreizügigkeitsabkommens mit der EU 2002 gültig blieb.

Drinnen und draussen geschah einiges, vor allem draussen, das drinnen den politischen Eliten (und durch sie dem ›Volk‹ vermittelt) klar werden liess (und dem Volk auch klar gemacht wurde), dass der Weltkrieg vorbei war, aber dass ein anderer gerade begonnen hatte: der *Kalte Krieg*. Auch von dem ›verschont‹ zu sein, konnten nur Naive glauben oder Böswillige behaupten, die klammheimlich zu ›Unschweizern‹, zu Fremden in der Heimat geworden waren. Jahre später wird man es immer noch gleich, aber griffig auf den Punkt bringen: die ›Netten‹ und die ›Linken‹, beide auch nach Fichen- und Überwachungs-Affären weiterhin gefährlich, und deshalb immer von neuem: *Wehret den Anfängen.*

1949 schon wurde mit der *Berliner Luftbrücke* klar, wo der Feind auch für den neutralen Kleinstaat stand. Und man behielt Recht, im selben Berlin liess *Ulbricht* nur zwölf Jahre später 1961 die *Mauer* bauen. Dazwischen 1953 der *Koreakrieg*. Ich erinnere mich genau, wie wir Gymnasiasten in einer stillen Innerschweizer Kantonsschule, ich zwei Jahre vor der Matur, einfach staunten, was da weit weg geschah. Politisiert wurde ich dadurch noch nicht; gefährlich wars dort irgendwie. Im selben Jahr, 1953, ging das *Fernsehen* hierzulande, viel später als anderswo, zum ersten Mal auf Sendung. 1957 staunte man auch in der Schweiz über diese Russen und ihren *Sputnik*. Waren die etwa doch stärker, als man gemeint hatte, stärker sogar als die USA, die auch uns beschützten?

Da war Vorsicht gefragt nach innen und nach aussen, gegenüber allem, was uns da kam. 1951 zum Beispiel findet der Bundesrat, für die Frage des *Frauenstimmrechts* sei es »noch zu früh«. Wollte man auch hier den Anfängen wehren? Im selben Jahr trat man der *Genfer Flüchtlingskonvention* bei; man hatte die Frage der Flüchtlinge noch nicht selbst gesetzlich geregelt. Und wissen konnte man schliesslich nie. Auch die Frauen meldeten sich wieder zu Wort: mit der SAFFA 1958, die schweizerische Ausstellung, die zeigte, was Frauenarbeit im Land bedeutete. Geblieben ist nur noch das SAFFA-Inselchen, und 1959 verweigerten die Schweizer Männer mit einer Zweidrittel-Mehrheit den Schweizer Frauen das Stimmrecht, das Recht »in die eigenen Angelegenheiten einzugreifen« (Max Frisch), politisch, als Citoyennes.

Im gleichen Jahr etablierte sich etwas, das lange dauern sollte, die *Zauberformel* mit dem Einzug eines zweiten Sozialdemokraten in den Bundesrat. Die vor kurzem noch als gefährliche Sozis Beobachteten schienen nun die dringend benötigte helvetische Konkordanz kaum mehr stören zu können, waren sogar für über vierzig Jahre nötig für deren Konsistenz. In diesen Jahren, zwischen 1959 und 1960, wurde die *IV* eingeführt, und die Bewohnerinnen und Bewohner dieses Landes erhielten mit dem *Blick* endlich die Möglichkeit, sich boulevardartig informieren zu lassen. Das alles zeigt skizzenhaft, aber ziemlich deutlich, wovor man sich auf dieser Insel im Meer der Welt nicht mehr zu fürchten brauchte – und wovor halt eben nach wie vor.

Die Politisierung der ›Ungarn‹-Generation

Dabei aber blieben die zwei vielleicht am tiefsten reichenden Ereignisse für die Schweiz vor den sechziger Jahren ausgeblendet. Beide brachten *Flüchtlinge* ins Land, für die wir die besten Gründe hatten, sie aufzunehmen. Die, die 1956 und dann noch einmal 1961 kamen, gehörten offenbar sogar mehr zu uns als die ›Fremdarbeiter‹, die wir für unsere Wirtschaft brauchten; das waren ›Menschen‹, die da kamen, mit ihnen konnten wir unserer »humanistischen Tradition« sicher sein.

Die breite Empörung über die *russischen Panzer in Budapest* war echt, vielleicht sogar heftiger als sonst wo in Europa, und der vorbehaltlosen Aufnahme der Flüchtlinge wurde in weitesten Kreisen spontan zugestimmt. Nicht nur das, man war weit herum auch bereit, etwas zu tun für diese Menschen. Ich erinnere mich sehr genau an die Stimmung in jenen Tagen. Ich war seit einem Jahr Student an der Uni, Germanistik, Philosophie. Natürlich spendeten wir Blut, natürlich malten wir Kerzen und verkauften sie an Ständen. An denselben Ständen, an denen ich verkaufte, stand zum Beispiel auch die etwa gleichaltrige spätere *erste Bundesrätin.*

Wir wurden durch die Ereignisse in Ungarn alle politisiert, alle zunächst einmal gleich, gegen eine brutale Machtentfaltung gegenüber einem ganzen Volk. An der Uni herrschte eine *seltsame Aufgeregtheit,* alle wollten etwas tun. Ich erinnere mich, dass Aktionen der wilderen Art geplant wurden: Mit einem VW-Bus an die österreichisch-ungarische Grenze fahren, wobei ein älterer Kommilitone durchblicken liess, das Gewehr, das er als Soldat zuhause habe, finde dann wohl auch noch Platz im VW-Bus. Da erschrak ich zum ersten Mal. Und dann zirkulierten in den dauernden Diskussionsrunden unvermittelt Broschüren, eine hiess, wenn ich mich richtig erinnere, *Der klare Blick* und erschien während einiger Zeit regelmässig. Die Studierenden, die *zukünftige Elite des Landes*, sollten nicht nur idealistisch hilfsbereit sein den Flüchtlingen gegenüber. Das war zwar begrüssenswert. Aber die Studierenden mussten jetzt vor allem *aufgeklärt* werden über die Lage, die Lage der Welt, und das hiess, dass Krieg war, kalter zwar, aber jetzt in Budapest heiss geworden, und die Lage, in der sich die Schweiz befand in dieser Welt.

Die Broschüren, Handzettel, Aufforderungen kamen aus den verschiedensten Ecken, aber die gewichtigen mit Analysen zur Lage stammten aus dem Umfeld, das in der Schweiz seit dem Zweiten Weltkrieg geschaffen worden war und im Verlaufe der Geschichte unter unterschiedlichen Namen firmierte. *Geistige Landesverteidigung* war die ursprüngliche Idee gewesen. *Philipp Etter* hatte schon 1938 in einer »Botschaft des Bundesrates an die Bundesversammlung über die Organisation und die Aufgaben der schweizerischen Kulturwahrung und Kulturwerbung« formuliert, was von nun an

›Credo‹ und ›Magna Charta‹ für den schweizerischen Staat sein sollte: »Der schweizerische Staatsgedanke ist nicht aus der Rasse, nicht aus dem Fleisch, er ist aus dem Geist geboren. Es ist doch etwas Grossartiges, etwas Monumentales, dass um den Gotthard, den Berg der Scheidung und den Pass der Verbindung, eine gewaltig grosse Idee ihre Menschwerdung, ihre Staatswerdung feiern durfte, eine europäische, eine universelle Idee: die Idee einer geistigen Gemeinschaft der Völker und der abendländischen Kulturen!« Das sei, so die Botschaft weiter, »nichts anderes als der Sieg des Geistes über das Fleisch auf dem harten Boden des Staatlichen«. Schön und im Zeitstil gesagt, nicht unbedingt, wo Gott hockt, aber wo dieses Land in den Jahren der Bedrohung zu hocken hatte. Alles verstehbar aus der geschichtlichen Situation, vielleicht sogar berechtigt und während langer Zeit von einem erstaunlich breiten helvetischen Meinungsspektrum mitgetragen.

Auf einer klar aufgebauten, ziemlich offiziell daher kommenden *heutigen Website*[2] wird unter dem Kapitel *Geistige Landesverteidigung* kühl angemerkt: »Die Geistige Landesverteidigung war allerdings weder eine staatlich gelenkte Aktion noch eine private Organisation. Vielmehr geht es um eine fast unüberschaubare Vielzahl von einzelnen Gruppen und Aktionen, die – bei aller Einigkeit gegenüber dem Faschismus – sowohl von ihrer weltanschaulichen Herkunft als auch von ihren Strategien gegenüber dem äusseren Feind her alles andere als eine einheitliche Haltung vertraten. Das macht das Phänomen Geistige Landesverteidigung schillernd und schwer fassbar. Nach dem Ende des Zweiten Weltkriegs verabschiedete sich die politische Linke der Schweiz von der Geistigen Landesverteidigung, die ihren Zweck erfüllt hatte, und orientierte sich an neuen, am Fortschritt und der Entwicklung der Gesellschaft orientierten Konzepten. Rechtskonservative Kreise versuchten dagegen bis in die frühen 1970er Jahre, an der Geistigen Landesverteidigung festzuhalten, indem das Feindbild Faschismus durch Weltkommunismus ersetzt wurde.«

Was einem Verfassungs-Patrioten an Aufklärung verpasst wurde

Ich hatte noch mehrmals in meiner staatsbürgerlichen Biografie mit diesem »Phänomen« zu tun. Als bloss hilfsdiensttauglicher *Verfassungs-Patriot*[3] wurde ich z.B. auf *Heer und Haus* verwiesen, wo ich sicher sinnvollen Dienst am Land leisten könnte. Ich wurde sogar zu einem persönlichen Orientierungsgespräch von zuständiger Stelle ein- oder vorgeladen, nach dem ich allerdings nie mehr etwas hörte, vielmehr, ohne Angabe von Gründen, aus der Hilfsdienstpflicht entlassen wurde.

Dannzumal war mein Fall an zuständigem Ort offenbar bereits geklärt und klar. Damals, 1956, in der grossen geistigen Aufregung, war ich noch ein unbeschriebenes Blatt. Ich merkte bloss, einigermassen verunsichert, dass an der *Aufklärung*, die mir da verpasst wurde und die eindeutig aus dem langsam verkommenden Umfeld des »Phänomens« stammte, etwas nicht ganz stimmen konnte. Als dann eine linke Buchhandlung, die ich, zugegeben, immer wieder mit einer gewissen Scheu betrat, wüst demoliert wurde von Studenten, die wohl wie ich selbst Blut gespendet und vielleicht sogar Kerzen gemalt hatten, staunte ich zum ersten Mal wirklich, in welchem Land ich ein Patriot geworden war.

Die plötzliche Konfrontation mit Flüchtlingen aus Ungarn 1956 und dann zu Beginn der 60er Jahre aus Tibet und aus der DDR nach dem Mauerbau provozierte eine merkwürdige Politisierung, die die innerschweizerischen Bruchstellen vorerst mehr zu- als aufdeckte. Sichtbar allerdings war der Ausbruch eines *Antikommunismus*, der scheinbar integral sich deckte mit der plötzlichen Liebe zu den Flüchtlingen.

Natürlich war die Aufnahme auch dieser Flüchtlinge grossartig, so grossartig wie die der vielen in dieses Land aufgenommenen Menschen während des Zweiten Weltkriegs – an einer Boot-ist-voll-Politik vorbei und mit grösstem Mut gegen sie. Weder die Ungarn noch die Tibeter konnten etwas dafür, dass sie zu jener Zeit die ›richtigen‹ Flüchtlinge waren nach den Konzepten geistiger Landesverteidigung. Was in persönlicher Initiative zum Beispiel geleistet wurde, damit die Flüchtlinge aus Tibet in *Rikon* wenige Jahre nach ihrer Flucht auch eine geistige Heimat finden und aufbauen konnten, bewundere ich.

Was aber insgesamt in der Politik dieses Landes Fremdem und Fremden gegenüber für ein ganzes halbes Jahrhundert in jeder Hinsicht und auf gefährliche Weise ungeklärt bleibt, war damals schon virulent – und ist es geblieben, mehr denn je.

Damals, zu *Beginn der 60er Jahre* schien es, einige Jahre vor den grossen politischen und wirtschaftlichen Krisen, überall ein wenig zu kriseln, was das Land, nach stillen Zeiten, in Aufregungen versetzen zu können schien. 1964 konnten die ersten Manifestationen und Aktionen der so genannten *Jura-Separatisten* nicht mehr übersehen werden. Wer ging da fremd? Im selben Jahr erlebten wir die *Mirage-Affäre*. Befremdliches wurde sichtbar im Regierungsapparat selbst. Ein Bundesrat wurde desavouiert und ein zukünftiger baute sich dabei als kommender Staatsmann für lange Zeit auf. Immerhin brachte man zum vorgegebenen Zeitpunkt noch eine Landesausstellung, die erste nach der *Landi* von 1939, zustande. Neu, zukünftig kam sie daher, die *Expo 64*. Als Lehrer an einer Kantonsschule hatte ich eine Klasse nach Lausanne zu begleiten und staunte fast mehr über den als moderne Architektur vermarkteten Armee-Igel als über Jean Tinguely und Rolf Liebermann.

Freilich hatte sich *Max Frisch* mit anderen zusammen schon ganz anderes vorstellen können für eine zukünftige Schweiz als ausgerechnet die dann gebaute Expo 64. Frisch hatte im Jahrzehnt vor 1960 in den Romanen *Stiller, Homo faber* und im Theaterstück *Biedermann und die Brandstifter* immer radikaler die Frage nach einer Identität gestellt. Die Frage betraf von Anfang an nicht nur die private Identität, sondern auch die des Staates. Kurz vor seinem Tod braucht er, wenn er den politischen Zustand des schweizerischen Staates festhält, das starke Wort »Verluderung«!

Im selben Jahr, in dem die Expo 64 stattfand, wurde die

erste *Überfremdungsinitiative* lanciert, der eine ganze Reihe weiterer folgen sollte.

Ein Nachtrag: Blick noch weiter zurück

Spätestens nach Alfred A. Häslers berühmtem Buch *Das Boot ist voll* von 1966 konnte jede Schweizerin und jeder Schweizer wissen, dass die schweizerische Flüchtlingspolitik während des Zweiten Weltkriegs Tausende von jüdischen Flüchtlingen direkt in die Vernichtungslager getrieben hatte. Seit den Berichten der Bergier-Kommission weiss es die Schweiz gleichsam offiziell. Wie bewusst allerdings die Lage der in die Schweiz aufgenommenen Juden hierzulande der Bevölkerung war, ist fraglich. Wahrscheinlich schaute man wenn möglich nicht hin.

Die Dissertation *Nur ein Durchgangsland*[4] des Basler Historikers Simon Erlanger beleuchtet diesen Aspekt schweizerischer Politik während des Kriegs genau. Die Diskussion über die Lager in der Schweiz ist noch kaum angelaufen, wird aber geführt werden müssen, weil scheinbar historisch längst Abgegoltenes bis heute und gerade heute erschreckender denn je aus uralter Mentalität neueste Blüten treibt. Erlanger hat in einem Interview in *Tachles*[5] einige bemerkenswert deutliche Auskünfte gegeben. Ich zitiere aus diesem Interview einige Passagen:

»Einerseits verdankte man der Schweiz sein Leben, andererseits wurde man durch dieselbe Schweiz interniert, manchmal über Jahre hinweg, und somit einer normalen bürgerlichen Existenz entzogen. Flüchtlinge, die mit Familie gekommen waren, wurden von dieser getrennt. Die Erfahrung der Internierung in Lagern und Heimen gehörte zur ›normalen‹ Biografie ziviler, sich langfristig in der Schweiz aufhaltender Flüchtlinge und Emigranten.«

So erfuhren diese Flüchtlinge und Emigranten die Schweiz, die sie aufnahm. Natürlich weiss Erlanger präzis zu unterscheiden; mit der nationalsozialistischen Vernichtungspolitik

(»Vernichtung durch Arbeit«) hatten die Lager nichts zu tun. »Sie dienten anderen Zwecken«, sagt Erlanger und fährt fort: Sie »sind allenfalls mit den Lagern vergleichbar, in denen Grossbritannien beziehungsweise die USA bestimmte Gruppen als ›Enemy Aliens‹, als feindliche Ausländer, für kürzere oder längere Zeit internierten. Es ging um Kontrolle.«

Was allerdings diese spezifisch schweizerische Kontrolle bezweckte, ist bedenklich: »Lager und Heime waren Ausdruck einer eidgenössischen Abwehrpolitik, die schon lange vorher begonnen hatte. Es ging um Abwehr und um die Sicherstellung der so genannten ›Weiterwanderung‹ der ›Transmigration‹. Lager und Heime waren auch in die Bundesadministration integriert und funktionierten wie militärische Institutionen, waren also autoritär geführt. Die eidgenössische Administration legte dabei auch eine gewisse selbstgerecht-erzieherische, anti-intellektuelle und -urbane und fremdenfeindlich-misstrauische Grundhaltung zu Tage. Daraus resultierten auch Umerziehungsbemühungen, indem man zum Beispiel Menschen, die zuvor nicht handwerklich gearbeitet hatten, zu solcher Arbeit zwang und ihnen damit ›schweizerische Tugenden‹ beibringen wollte. Andererseits waren diese Lager nicht umzäunt und nicht militärisch bewacht.«

Es ging um ›Überfremdung‹ und darum, mit welchen Mitteln die eingedämmt werden konnte. Der Historiker Erlanger weiss, seit wann dieser Begriff die schweizerische Politik unterschwellig beherrschte – und wen der Begriff des bedrohlich Fremden fokussierte: »Der Begriff der ›Überfremdung‹ wurde ab der Jahrhundertwende herausgebildet, ideell getragen von jüngeren bürgerlichen Akademikern und Eliten, und wandte sich nach Ende des Ersten Weltkrieges spezifisch gegen jüdische, vor allem ostjüdische Einwanderung. Mit Ende des Ersten Weltkrieges wurde eine eidgenössische Fremdenpolizei eingerichtet, deren Protagonisten die so genannte ›Überfremdungsabwehr‹ als ihre wichtigste Aufgabe ansahen. Die bis anhin ausgeübte liberale und freizügige Migrations- und Niederlassungspolitik wurde aufgegeben.«

Man scheint historisch erschreckend weit zurückblenden

zu müssen, um auf eine andere, bürgerlich liberale Schweiz zu stossen. Erlanger spricht von einer Art »Experimentierfeld«, das sich seit spätestens 1940 für diese neue Mentalität auftat, als die Durchsetzung einer »Ideologie derjenigen, die das Lagersystem errichtet hatten und oft konservativ, agrarisch und gar ständestaatlich geprägt waren.« Allerdings ging es dabei um handfeste politische Ziele, die weiter gelten sollten, obwohl sie damals gar nicht voll realisiert werden konnten. Es »sollten sich so die Chancen auf Weiterwanderung erhöhen. Denn die Transmigration blieb immer das oberste Ziel. Lager und Heime wurden ja auch gerade dann eingerichtet, als nach 1940 diese Weiterwanderung nicht mehr möglich war.«

Natürlich wurden auch damals schon die wildesten Rationalisierungen nachgeliefert. Erlanger sagt dazu: »Offiziell wurden die Arbeitslager damit begründet, dass sich die Flüchtlinge im Dienste der Landesverteidigung, der Anbauschlacht und so weiter nützlich machen sollten. Sie durften ja wegen des Arbeitsverbots nicht arbeiten. Näher betrachtet funktionierte dies jedoch mit wenigen Ausnahmen so nicht; die Lager waren immer defizitär und erfüllten den genannten Zweck zumeist nicht.« Und fügt dann an: »Man hätte die Flüchtlinge und Emigranten normal arbeiten und wohnen lassen können, das wäre den Bund billiger gekommen, hätte aber die Integration Tausender vorwiegend jüdischer Menschen bedeutet, und das war es ja gerade, was man seit den zwanziger Jahren verhindern wollte. [...] Die Pflicht zur Weiterwanderung galt jedoch bis 1952 – ein Zeitpunkt, als die Hochkonjunktur bereits eingesetzt hatte und man Arbeitskräftemangel verzeichnete.«

Über zwei Dinge staunt der Historiker. *Erstens:* »Interessant ist, dass das System bisher nie vollständig beschrieben worden ist, aber das hat einfach damit zu tun, dass die Aktenlage sehr schwierig ist.« *Zweitens:* »Überraschend für mich war eigentlich nur, wie tief verwurzelt es in der Bundesverwaltung war.«

Wenn er dann allerdings die Kontinuität der ganzen Geschichte bedenkt, wird ihm eine spezifisch schweizerische historische Logik klar, die bis heute nicht aufgehört hat, äusserst wirksam zu sein, auch wenn sie das grundsätzlich Feindlich-Fremde auf x-beliebige Gruppen, die uns alle zusammen wie weiland die Juden bedrohen, zu verschieben gelernt hat. Im Bezug auf die Juden (weit über den Zweiten Weltkrieg hinaus) formuliert Erlanger diese kontinuierliche Logik »unheimlicher Patrioten« und »rechter Seilschaften«[6] folgendermassen: »Als Erstes ist mir die Kontinuität aufgefallen. Es reicht nicht, sich auf die Jahre 1939 bis 1945 zu beschränken, denn die antijüdische Flüchtlingspolitik der Schweiz geht viel weiter zurück und gründet auf Bildern, die um die Jahrhundertwende entstanden sind und in den zwanziger Jahren akut wurden. Sie hörte 1945 auch nicht auf, die Weiterwanderungspolitik wurde erst 1952/53 aufgegeben. Bis dann hatten nur knapp 1000 Juden Dauerasyl erhalten. Diese Kontinuität unterscheidet die Schweiz von anderen Ländern und den Schweizer Antisemitismus von anderen Erscheinungsformen. Es ist nicht der gewalttätige, eliminatorische Antisemitismus, wie man ihn für Deutschland konstatiert hat. ›Radau-Antisemitismus‹ lehnte man in der Schweiz ab. Es ist hierzulande alles subtiler und darum bis in die Gegenwart leider auch wirkungsmächtiger.«

Dem ist vorläufig nichts mehr anzufügen, ausser dass wir in der Zwischenzeit auch sehr gefährliche Radaubrüder zur Kenntnis nehmen mussten.

1 Das erstaunliche Tondokument kann von www.radiotv2000.ch in bester Tonqualität heruntergeladen werden.
2 www.geschichte-schweiz.ch
3 Ich würde bis heute kaum zögern, mich selbst so zu etikettieren.
4 Siehe Erlanger 2006.
5 Interview in Tachles vom 23.12.2005.
6 Ich spiele auf zwei wichtige Publikationen an; die zweite wird uns noch etwas eingehender beschäftigen.

Kapitel eins

Erste Auseinandersetzungen

Manifest ausländischer Frauen

Nach einer Tagung vom 22. und 23. Februar 1975, an der rund hundertachtzig spanische, italienische, griechische, jugoslawische und schweizerische Frauen und ein paar Männer teilnahmen, erschien das *Manifest ausländischer Frauen*. Die Frauen äusserten auf acht eng beschriebenen Seiten ihre gleichstellungspolitischen Ansprüche: »Mann und Frau sollen, auch in Bezug auf die Wahl des Wohnsitzes, sofort gleichgestellt werden. [...] Wir fordern flexiblere Arbeitszeiten für Männer und Frauen – bessere öffentliche Einrichtungen (z.B. Öffnungszeiten der Krippen).« Denn: »Wir Frauen sind die Opfer der überlieferten Verteilung der Arbeit innerhalb der Familie. [...] Wir berufstätigen Mütter haben unseren Kindern gegenüber Gewissensbisse, da sie unter unserer Überforderung leiden.«[1] Die zahlreichen Forderungen im Manifest wurden in den folgenden dreissig Jahren von Migrantinnen immer wieder aufs Neue erhoben.[2] Sie fanden kaum Gehör. Bis die schweizerische Frauenbewegung auf sie aufmerksam wurde, verging viel Zeit.[3] Gleichstellungspolitische Selbsthilfeprojekte von Migrantinnen und Migranten erhielten kaum je ideelle und materielle Unterstützung. Und immer mehr nahm unter den InländerInnen die Vorstellung überhand, Migrantinnen seien in rückständigen Familienstrukturen gefangen und müssten zur Emanzipation gezwungen werden.

Die MigrantInnen aus Sizilien und Kalabrien waren damals nicht nur für die SchweizerInnen auf die Vorstellung von Arbeitstieren reduziert, meint Peter Gessler. Auch in Norditalien wurden sie als Minderwertige wahrgenommen. In der Schweiz lebten sie und andere Gastarbeiter ziemlich getrennt von der restlichen Bevölkerung. Man war froh, dass sie hart arbeiteten, und glaubte, dass sie nach getaner Arbeit wieder zurückkehren würden. Das sagten auch viele MigrantInnen von sich selbst, hatten aber effektiv gar keine Möglichkeit zur Rückkehr.[4] Man sah in ihnen Konjunkturpuffer. Ökonomen bewerteten die zugewanderten ArbeiterInnen bis Anfang der 60er Jahre als konjunktur- und inflationsdämpfend, danach aber als konjunkturanheizend, da sie angeblich Lohn- und Preiserhöhungen verursachten. Doch in den 60er Jahren wurde Ausländerbegrenzung zur konjunkturdämpfenden Massnahme erklärt. Es kam mit dringlichen Bundesbeschlüssen zur Plafonierung von Ausländerbeschäftigung in Betrieben. Die erste Überfremdungsinitiative, die 1964 lanciert und 1965 eingereicht wurde, war von der Zürcher Demokratischen Partei ergriffen worden. Auch der Schweizerische Gewerkschaftsbund forderte einen Abbau des Ausländerbestandes, obwohl er, aber nicht einhellig, gegen die Initiative Stellung bezog.[5]

Eine von Peter Gessler verfasste Dokumentation zur Tagung vom 22./23. Februar 1975 enthält folgenden Bericht von ›Gastarbeiterinnen‹: »Wir stehen den ganzen Tag am Band. Das macht müde. Manchmal könnte man umfallen, wenn man stundenlang gestanden hat und der Rücken und die Beine weh tun. Und überall tropft es, alles ist nass von Spülwasser, weil die Ware gewaschen wird; das spürt man auch in den Gliedern. Viele mussten schon zurück, weil sie krank wurden. Wir haben zwar Stiefel und Gummischürzen an, aber man wird trotzdem nass. Und am Abend schmerzen die Augen vor Anstrengung – wir arbeiten eben hauptsächlich mit den Augen. Wir wohnen zu zweit, zu dritt oder zu viert in unseren Baracken-Zimmern. [...] Für Essen und Schlafen bezahle ich etwa 270 Franken. Der Stundenlohn liegt bei 5 Franken 20 bis 5 Franken 30.«[6]

Angst vor politischer und moralischer Kontamination

Bis zum Fall der Berliner Mauer erregten MigrantInnen bei den Behörden die Angst vor einer linken Subversion. »Die Ablehnung einer fremden Kultur und Sprache«, schreibt Thomas Buomberger, »wurde zur Zeit des Kalten Kriegs gleichzeitig verstärkt durch die Angst, italienische Arbeiter kontaminierten mit kommunistischem Gedankengut die schweizerische Gesinnung. Linke Italiener erfuhren so eine doppelte Stigmatisierung, und dazu trugen sowohl die Behörden als auch teilweise die Gewerkschaften bei.«[7] Die offizielle Definition von Schweizertum im Überfremdungsdiskurs hatte seit den 50er Jahren eine pointiert antisozialistische Note. Ein Ausländer sei integriert, wenn er »schweizerisch denkt und fühlt und [...] ihm unsere Sitten und Gebräuche selbstverständlich geworden sind. Sicher gehört dazu, dass er sich in der Sprache seines Wohnorts ausdrückt«, schrieb 1956 Marc Virot, Chef der Fremdenpolizei des Kantons Bern. Sein Leitfaden für die Einbürgerungsbehörden ging ins Detail: »Da wir [Schweizer, Anmerkung A.L.] rechthaberisch sind, darf der Ausländer uns nicht widersprechen, wenn wir einmal unser Urteil abgegeben haben. [...] Gerade schildertragende Ausländer passen nicht in unsere Gesellschaft. Wir haben ohnehin Schilderkriege nicht gerne, Beatniks mit Spruchbändern sind einfach importiert, denke man über die gemalten Sprüche wie man wolle. [...] Die Ausländer sollen uns ja nicht belehren wollen«, meinte Virot im Hinblick auf das politische Engagement von italienischen GastarbeiterInnen und forderte, der Ausländer sollte »zu unseren Dogmen positiv eingestellt sein wie Pünktlichkeit, Genauigkeit, Gründlichkeit, Ordnung, Perfektion, Ehrlichkeit, Sauberkeit, Ruhe, Gewissenhaftigkeit, Zucht, Disziplin, Solidität, Verantwortungssinn, sozialer Friede«.[8]

›Mitenand‹ als Gegenbewegung

Die *Arbeitsgemeinschaft Mitenand*, die sich als Gegenbewegung zur Nationalen Aktion und zu den Republikanern verstand, entwickelte sich 1972 aus der Katholischen Arbeiterbewegung (KAB). Mit einer Initiative für eine neue Ausländerpolitik wollte sie die Ausländerdebatte aus einer solidarischen Sicht führen, wie Jürg Meyer, damals Journalist der Basler Nationalzeitung und Mitenand-Aktivist seit der ersten Stunde, berichtet.[9] Er arbeitete als Delegierter der Ausländerkommission der SP Basel mit. Mitenand entwarf eine neue

Verfassungsbestimmung, welche die Gleichstellung der AusländerInnen mit den SchweizerInnen verankern und das Saisonnierstatut abschaffen sollte: »Diese Gesetzgebung sichert die Menschenrechte, die soziale Sicherheit und den Familiennachzug der Ausländer. Sie berücksichtigt die Interessen der Schweizer und Ausländer gleichermassen.«[10] Die im Initiativtext enthaltenen Zulassungsbeschränkungen für einwanderungswillige MigrantInnen waren wohl eine Konzession an die Gewerkschaften, die ihre Schweizer Basis nicht für Rechte ihrer ausländischen KollegInnen mobilisieren konnte. Die Mitenand-Initiative war der Versuch, eine menschenwürdige Ausländerpolitik offensiv, über parteipolitische Differenzen hinweg, zur Geltung zu bringen. Sie entsprang der Vorstellung, dass nur ein breiter Zusammenschluss aller solidarischen Kräfte den fremdenfeindlichen Parteien und der fremdenfeindlichen Behördenpolitik einen substanziellen Widerstand entgegenzusetzen vermochte.

Mitenand bestand aus mehreren Regionalkomitees, in denen sich die verschiedensten Gruppierungen zusammenfanden und auch MigrantInnen aktiv waren. Die Mitglieder der Federazione delle Colonie libere Italiane und ATEES (Asociacion de Trabajadores Emigrantes Espanoles en Suiza) sowie die ›Centres de contact Suisses-Immigrés‹ in Genf und Lausanne spielten eine wichtige Rolle in der öffentlichen Auseinandersetzung. Man war optimistisch, den fremdenfeindlichen Schlagworten ein Ende setzen und eine Bevölkerungsmehrheit für die gute Sache gewinnen zu können. Doch vor der Abstimmung am 5. April 1981, die vom Bundesrat sehr kurzfristig angesetzt worden war, schlich sich Ernüchterung ein. Man hoffte auf einen Achtungserfolg und sprach sich Mut zu: »Aber auch eine vorgezogene Volksabstimmung kann uns nicht schrecken: Wir sind gewappnet und vertrauen auf den Gerechtigkeitssinn unseres Volkes.«[11]

Die Mitenand-Initiative selbst wurde mit 83% wuchtig abgelehnt. »Enttäuschung und Trauer sind gross in unseren Reihen«, hiess es im Mitenand-Bulletin vom Mai 81. Ob die Arbeitsgemeinschaft an den angefügten Appell: »mutig, fröhlich und solidarisch für unsere gemeinsamen Ziele weiterzukämpfen«, wirklich glaubte? Doch sie sollte Recht bekommen: Die Bewegung erwachte vier Jahre später, wenn auch in anderer Zusammensetzung, erneut und entwickelte ungeahnte Kräfte. Sie überlebte in den folgenden 25 Jahren unzählige politische Niederlagen. Jedenfalls erfüllte sich die triste Prophezeiung von Rolf Geiser im Mitenand-Bulletin nach der Abstimmungsniederlage nur zum Teil: »Man kann damit rechnen, dass nach einer raschen Verabschiedung des neuen Ausländergesetzes so etwas wie Friedhofsruhe über die ganze Ausländerfrage gebreitet werden wird. [...] Wir werden Mühe haben, unsere Stimme in der Öffentlichkeit bemerkbar machen zu können.«[12] Vier Jahre später bäumte sich die Asylbewegung gegen die allgegenwärtige Fremdenfeindlichkeit auf, setzte sich allerdings mehr für die Rechte der Flüchtlinge und weniger für diejenigen der MigrantInnen ein.

Mitenand stellte sich zu Beginn 1981 gegen den behördlichen Entwurf zu einem neuen Ausländergesetz: »Der Entwurf des Bundesrates zum neuen Ausländergesetz ist im Prinzip ein Polizeigesetz und ein wirtschaftspolitisches Interessengesetz, mit einigen staatspolitischen Rücksichten garniert.«[13] Das neue Ausländergesetz war als »indirekter Gegenvorschlag zur Mitenand-Initiative« gedacht, doch zog die Bundesbehörde die Abstimmung zur Initiative überraschend vor und liess die Stimmbevölkerung erst ein Jahr später über das neue Ausländergesetz (AuG) befinden. Diese verwarf das AuG im Juni 1982.[14] »Der Abstimmung zur Mitenand-Initiative folgte bald darauf die Abstimmung zum Entwurf des Ausländergesetzes«, erinnert sich Jürg Meyer, »ausgelöst durch ein Referendum der nationalistischen Parteien. Der damalige Entwurf des Ausländergesetzes hätte das Umwandlungsrecht in Jahresaufenthalte für die Saisonniers wesentlich verbessert. Darum war die Mehrheit der Arbeitsgemeinschaft Mitenand der Meinung, dass das Ausländergesetz im Vergleich zum damaligen Status Quo einen kleinen Fortschritt gebracht hätte. Mitenand kritisierte den Entwurf bis zur Abstimmung vom 5. April 1981, neigte aber nachher mehrheitlich dazu, ihn als kleinen

Fortschritt zu akzeptieren. Vor allem im Welschland gab es bis in die Reihen von Mitenand hinein aber auch eine linke Opposition gegen den Entwurf.«

Die Arbeitsgemeinschaft bestand nach der Abstimmungsniederlage der Mitenand-Initiative als Vereinigung für eine alternative Ausländerpolitik weiter, bis sie Ende der 80er Jahre mit der 1986 gegründeten BODS (Bewegung für eine offene, demokratische und solidarische Schweiz) fusionierte. So wurde Jürg Meyer Vorstandsmitglied der BODS und der heutigen Solidarité sans frontières.

Relativ grosszügige Aufnahme bis in die 70er Jahre

Flüchtlinge waren bis in die 70er Jahre noch nicht Objekt von Fremdenfeindlichkeit und Abschottungspolitik. Von den 50er bis in die 80er Jahre nahm die Schweiz hauptsächlich Flüchtlinge aus kommunistischen Ländern in teilweise grosszügigen Kontingenten auf: 1956 empfing die Schweiz über 10’000 Flüchtlinge aus Ungarn mit offenen Armen. Als erstes aussereuropäisches Flüchtlingskontingent wurden 1963 1000 TibeterInnen aufgenommen – allerdings unter der Auflage, dass sie dem Staat keine Kosten verursachten.[15] In der Tibethilfe manifestierte sich ein grosses Solidaritätspotenzial der Schweizer Bevölkerung.[16] 1968 gestattete der Bundesrat allen TschechInnen und SlowakInnen die Einreise, gleichgültig mit welcher Begründung sie einreisen wollten. In den 70er Jahren wurden die Kontingente kleiner: 1970 nahm die Schweiz 200 betagte oder behinderte Indochina-Flüchtlinge auf, 1972 216 von Idi Amin aus Uganda vertriebene InderInnen. Für aus Chile flüchtende Personen beschloss der Bundesrat 1973 ein Kontingent von bloss 250. 1979 bewilligte der Bundesrat die Aufnahme von 2036, 1980 von 2277 und 1981 von 1000 Indochina-Flüchtlingen.[17] Viel schlechter erging es den äthiopischen und den türkisch/kurdischen Flüchtlingen nach den Militärputschen von 1979 bzw. 1980, den ab 1981 vor Mobutu flüchtenden ZaïrerInnen und den nach dem Pogrom von 1983 flüchtenden TamilInnen (siehe Kapitel zwei). Als jedoch am

13. Dezember 1981 das Militär in Polen die Macht übernahm, gingen die Schweizer Türen weit auf: Sogleich wurden mehrere tausend Polinnen und Polen per Touristenvisum in die Schweiz gelassen oder als Flüchtlingskontingent in Wien abgeholt.[18]

Kaplan Koch und die Chile-Flüchtlinge

Aus Angst vor kommunistischer Subversion wollte der Bundesrat nach dem Putsch gegen Chiles Präsident Salvador Allende 1973 nur rund 250 Flüchtlinge aufnehmen – und dies erst auf Betreiben des UNHCR hin. Dabei handelte es sich bei den für das Kontingent ausgewählten Personen um Flüchtlinge aus anderen Ländern, präzisiert Hannes Reiser von Longo Mai, der in jenen Jahren in der Lehrlingsorganisation Hydra und an der Seite von Kaplan Cornelius Koch für eine gerechtere Welt kämpfte. Die Flüchtlinge wurden unter Kontaktsperre in ein Rotkreuz-Flüchtlingslager bei Glion eingesperrt. Das konnte der kämpferische Kaplan Koch nicht akzeptieren, und er verschaffte sich dank seinem ausserordentlichen Temperament Zutritt zu ihnen.

In Sorge um eine voraussehbare Sabotage gegen den chilenischen Präsidenten Allende war im Frühjahr 1973 in Baden die Gesellschaft *Freunde Chiles* gegründet worden, erzählt Hannes Reiser von CEDRI (Comité Européen pour la Défense des Réfugiés et Immigrés).[19] Kurz zuvor, im Dezember 72, war *Longo Mai* entstanden. Junge kritische Leute waren damals auf der Suche nach dem ›Dritten Weg‹ zwischen östlichem Kommunismus und westlichem Kapitalismus. In den 70er Jahren entstanden die ersten selbst verwalteten Betriebe in der Schweiz. Vorbild waren sozialistische Modelle aus Drittweltländern in Lateinamerika und aus einigen neu in die Unabhängigkeit entlassenen entkolonialisierten Ländern des afrikanischen Kontinents.

Kaplan Koch, damals Kirchgemeinde-Verweser von Vogorno im Tessin, richtete an sämtliche Kirchgemeinden in der Schweiz einen Aufruf, chilenische Flüchtlinge aufzunehmen.

Die daraufhin eingehenden über 3000 Freiplatzangebote zeugten von einer grossen Solidarität in der Bevölkerung. Hätten damals HEKS und CARITAS nicht einen diffamierenden Gegenaufruf gestartet, dann hätten die angebotenen Freiplätze die 3000er Marke wohl bei weitem überschritten, vermutet Hannes Reiser. Natürlich kämpften Kaplan Koch, die *Freunde Chiles*, Hydra und Longo Mai nicht allein für eine grosszügige Aufnahme chilenischer Flüchtlinge. Die Gewerkschaften, der ganze Kanton Tessin und Persönlichkeiten wie Hans Schädelin (Bruder des Autors von *Mein Name ist Eugen*, Klaus Schädelin, und Vater von Jacob Schädelin), Jürg Meyer, Peter Braunschweig,[20] Holger Weisswange, ein in Chile geborener Schweizer, unterstützten die Forderungen. In der ganzen Schweiz, vor allem im Tessin, bildeten sich Freiplatzaktion-Komitees und warteten auf die Ankunft ihrer Flüchtlinge. Vergeblich versuchten die lobbyierenden *Freunde Chiles*, NationalrätInnen für einen dezidierten Protest gegen den Militärputsch zu gewinnen. Jean Ziegler bildete eine unüberhörbare Ausnahme und engagierte sich ebenso tatkräftig beim Empfang der Chile-Flüchtlinge auf dem Genfer Flugplatz. Bundesrat Kurt Furgler erhielt allerdings im Parlament für seine Brandrede gegen die Freiplatzaktion-Komitees tosenden Applaus.

Im Januar 1974 wollten die Komitees nicht länger auf ihre Flüchtlinge warten, und so brach eine Delegation nach Chile auf. Fast hätte das Unternehmen ein böses Ende genommen, denn die Bundespolizei unterrichtete den chilenischen Geheimdienst und flog der Delegation hinterher. Am Morgen nach ihrer Ankunft in Santiago lasen die Delegationsmitglieder im *El Mercurio*, dass linksextreme SchweizerInnen in Chile den Kontakt zum Widerstand suchten. Die Schweizer Botschaft verweigerte ihnen den Empfang. Es wurde brenzlig, wie die Delegation in einem Telex in die Schweiz funkte. Kaplan Koch handelte umgehend und begab sich mitten in der Nacht zu Bundesrat Pierre Graber. Dem überrumpelten Magistraten im Pyjama gab er unumwunden zu verstehen, dass er ihn vollumfänglich dafür verantwortlich machen würde, wenn der Delegation auch nur ein Härchen gekrümmt würde. Anderntags tauchten Vertreter der Schweizer Botschaft im Hotel der Delegation auf und sicherten dieser ihren Schutz zu. Den Delegierten gelang es, mit linken Gewerkschaften, Kirchen und mit Bischöfen Kontakt aufzunehmen. Kurz darauf, am 23. Februar 1974, flog die erste chilenische Flüchtlingsgruppe in die Schweiz – und wurde in Genf von der Polizei sofort festgenommen. Jean Ziegler war zur Stelle und machte Rabatz. Polizei und Zöllner waren ratlos. In einer nächtlichen Sondersitzung beschloss der Bundesrat die Einreise der Flüchtlingsgruppe, verhängte aber sofort die Visumspflicht für chilenische Staatsangehörige.

Aber auch da fanden Kaplan Koch und die Komitees einen Weg: Er führte von Santiago über Argentinien nach Mailand, das für Chilenen noch keine Visumspflicht kannte. TessinerInnen holten die chilenischen Flüchtlinge einzeln in Italien ab und brachten sie in Pendlerzügen in die Schweiz. Die Komitees hatten sich gut vorbereitet: KrankenpflegerInnen, LehrerInnen, ÜbersetzerInnen standen bereit. Die Chileninnen und Chilenen wurden gut empfangen, erinnert sich Hannes Reiser. Und es waren nicht wenige: 2–3000 Flüchtlinge aus Chile gelangten so in die Schweiz.

Max Frisch wandte sich am 2. März 1974 in einem offenen, dreieinhalbseitigen Brief an den Bundesrat und stellte sich dezidiert gegen die Einführung der Visumspflicht für Chilenen, gegen die Verunglimpfung der Freiplatzaktion und das Herunterspielen des Schutzbedarfs von chilenischen Flüchtlingen: »Die bundesrätliche Beschwichtigung ist eine versuchte Irreführung unseres Gewissens. […] Herr Bundespräsident, Herren Bundesräte: die Sorge um die Grundlagen der schweizerischen Asyl-Politik ist unsere Sorge.«[21] Es war nicht das letzte Mal, dass er und seine Schriftstellerkollegen sich für die Asylbewegung engagierten.

Die Aufnahme der Indochina-Flüchtlinge

Heidi Rudolf, eine der langjährigen Asyl-AktivistInnen, schildert die Aufnahme der Indochina-Flüchtlinge folgendermassen: Als Flüchtlinge aus kommunistischen Ländern, und innerhalb von vom Bundesrat festgelegten Kontingenten, lösten sie – ähnlich wie die Flüchtlinge aus Ungarn und aus der Tschechoslowakei – in der Bevölkerung keine Angst aus. Es handelte sich ja um eine von den Behörden kontrollierte, überschaubare Anzahl von Flüchtlingen. Positiv zu werten war die Bereitschaft des Bundesrates, bei den Indochina-Flüchtlingen einen bestimmten Prozentsatz von Behinderten aufzunehmen, welche andere Aufnahmeländer verschmähten. Die USA wollten beispielsweise die Familie eines zuvor bei einer amerikanischen Firma tätigen vietnamesischen Managers nur ohne seinen behinderten Sohn aufnehmen – zu den früheren Arbeitsbedingungen. Für den vietnamesisch-chinesischen Vater war es jedoch klar: Ich lasse meinen Sohn nicht in Saigon zurück. Er fand mit ihm in der Schweiz Aufnahme. Der hoch qualifizierte Vietnamese musste aber, wie alle seine Landsleute, hier als Hilfsarbeiter seinen Lebensunterhalt verdienen.

Jede Flüchtlingsfamilie aus Indochina erhielt von den Hilfswerken eine Schweizer Familie als ›Integrationshilfe‹ zugeteilt. Damit wurden unzählige SchweizerInnen in konkrete Flüchtlingsschicksale involviert, obwohl die vietnamesischen Flüchtlinge – wie Heidi Rudolf erzählt – genauso wie Flüchtlinge aus andern Ländern, jahrelang nicht über ihre traumatischen Erfahrungen sprechen konnten. Die geflüchteten Familien litten vor allem unter struktureller, wirtschaftlicher Diskriminierung. Ihre Diplome und Berufserfahrungen wurden nicht anerkannt, die mangelnden Sprachkenntnisse machten es den Flüchtlingen, von denen viele selbstständige Unternehmer oder gut ausgebildete Lehrer, Techniker undsoweiter gewesen waren, unmöglich, eine adäquate Arbeit zu finden. Geachtete Familienoberhäupter mussten sich beispielsweise in Betrieben von Lehrlingen herumkommandieren lassen und erhielten einen Lohn, der den Familienbedarf nicht deckte. Ohne den festen Zusammenhalt innerhalb der Familie hätten viele Indochina-Flüchtlinge in der Schweiz nicht überlebt. Oft waren es die Frauen und Töchter, welche die durch Demütigungen verursachten Verletzungen der Ehemänner und Väter mit ausgleichender Ehrung und Achtung zu lindern versuchten. Für viele Indochina-Flüchtlinge gab die Religion einen starken Halt, doch war es nicht einfach für sie, in der Schweiz zu leben.

1988, als die Indochina-Flüchtlinge bereits 10 Jahre in der Schweiz gelebt hatten, untersuchte Heidi Rudolf deren soziale Situation und stellte in den Gesprächen fest, dass eine Integration nur möglich war, wenn die Flüchtlinge ihre herkömmliche Kultur, ihre Lebensformen und Religiosität weiterpflegen konnten. »Wir haben unser Land verlassen, weil wir unsere Religion nicht leben konnten, und jetzt können wir sie hier auch nicht leben«, sagten viele GesprächspartnerInnen. Dafür gab es nur die geringen eigenen materiellen Ressourcen und das grosse Engagement der buddhistischen Gemeinschaften. Diejenigen Personen, die in beiden Lebensweisen Fuss gefasst hatten und hätten vermitteln können, wurden überhaupt nicht finanziell unterstützt, obwohl sie – neben ihren Hilfsarbeiterjobs – Grossartiges für ihre Gemeinschaften leisteten. Sie gründeten Vereinigungen und ermöglichten Lagerprojekte und religiöse Schulungskurse für Kinder, Jugendliche und Erwachsene, in welchen sie ihre Identität festigen konnten. Da die Indochina-Flüchtlinge über ihre schwierige Situation nicht in der Öffentlichkeit sprachen, wurden sie von schweizerischer Seite als ›pflegeleicht‹ wahrgenommen, ähnlich wie später in den 90er Jahren die Tamilinnen und Tamilen.[22]

1 Fischli u.a. 1975; aus dem Archiv von Peter Gessler. Die Tagung an der Paulus Akademie Zürich wurde von Peter Gessler mitorganisiert, der über Jahrzehnte für eine selbstbestimmte Öffentlichkeitsarbeit von MigrantInnen gekämpft hat.

2 Mulugeta/Lanz 1999. Die Zusammenstellung basiert auf einem Tagungsbericht des Migrantinnenforums vom 22.11.1997.

3 Die Frauenbewegung griff in den 90er Jahren in der Differenzdebatte die mentale, strukturelle und materielle Diskriminierung von Migran-

tinnen auf. Siehe dazu WIDEE (Hg.) 1992 sowie Ent-fremdung 1996; ebenso Kalpaka/Räthzel 1994.

4 Aus einem Interview mit Peter Gessler am 3.1.2006.

5 Siehe Buomberger 2004, S. 38–63.

6 Dokumentation zur Tagung vom 22./23. Februar 1975 in der Paulus Akademie, Archiv Peter Gessler.

7 Buomberger 2004, S. 67.

8 Buomberger 2004, S. 22–28. Der Diskurs über Ausländerintegration beruht seit bald 100 Jahren auf einer Definition der ›schweizerischen Eigenart‹, von der auch ich mich regelmässig ausgeschlossen fühle. Aktuell heisst es im Vernehmlassungsbericht zum Basler Integrationsgesetz: »Zur Integration gehört insbesondere die Auseinandersetzung mit den gesellschaftlichen Verhältnissen und Lebensbedingungen in der Schweiz und das Erlernen einer Landessprache«. Aber auch dieser Bericht geht ins Detail: Er spricht von zu übernehmenden Basler Wertvorstellungen, wie beispielsweise »das prägende calvinistische Arbeitsethos und die hohe Bedeutung der Regelkonformität im Alltag und im Kontakt mit den Behörden.« (Basel, August 2005) Definitionen von Schweizertum grenzen aus, weil sie von einer homogenen Gesellschaft ausgehen. Das Nicht-Dazugehören lässt sich jedoch für Migranten und insbesondere für Migrantinnen nicht so leicht wegstecken. Die ihnen zugeschriebene kulturell bedingte Andersartigkeit ist eine Konstante des seit bald hundert Jahren andauernden Überfremdungsdiskurses. Sie ist schmerzlich und in höchstem Masse verunsichernd.

9 Aus einem Interview mit Jürg Meyer am 10.3.2006.

10 Arbeitsgemeinschaft Mitenand 1979.

11 Mitenand-Bulletin Nr. 17, Bern, September 1980 (Archiv von Solidarité sans frontières).

12 Mitenand-Bulletin Nr. 20, Bern, Mai/Juni 1981. Es war die letzte Nummer des seit 1976 herausgegebenen Mitenand-Bulletins. Danach folgte bis zur Auflösung der Arbeitsgemeinschaft die Zeitschrift *Piazza* in modernem Outfit.

13 Arbeitsgemeinschaft Mitenand 1979, Vorwort.

14 Botschaft zum Bundesgesetz über die Ausländerinnen und Ausländer von 2002, Ausgangslage; historische Entwicklung.

15 Banki/Späti 1994, S. 382–395.

16 Wottreng 2000, S. 168–169.

17 Negele/Pfändler 1994, S. 425–443.

18 Müller u.a. 1986, S. 217–231.

19 Aus einem Interview mit Hannes Reiser vom 16.2.2006.

20 Jürg Meyer und Peter Braunschweig gaben 1974 eine Broschüre über das Ringen um die Aufnahme der Chile-Flüchtlinge heraus: *Chile-Flüchtlinge – Schweizer Asylpolitik*.

21 Briefkopie im Archiv von Jürg Meyer.

22 Aus einem Interview vom 13.2.2006 mit Heidi Rudolf vom St. Katharinen-Werk in Basel.

Einblendung zwei
Es ist nichts passiert – noch nicht

In der Zeit zwischen 1968 und dem Beginn der 80er Jahre war ich Deutsch- und Philosophielehrer, meine Frau Astrid Französischlehrerin an der Kantonsschule Zürich. Wir wohnten in der ›Agglomeration‹. Bevor wir in die Stadt umzogen, hatten wir uns im Lokalen politisch engagiert; Astrid war Schulpflegerin, ich sass als Sozialdemokrat im grossen Gemeinderat von Dietikon. Wir hatten uns entschieden, vor Ort in die eigenen Angelegenheiten einzugreifen.

Diese Zeit hat in meiner eigenen Erinnerung einen für die Schweiz eigenartig unentschiedenen Charakter: Es war beständig Aufregendstes los, hier und in der Welt, und gleichzeitig schien immer wieder, mindestens in der Schweiz, fast gar nichts geschehen zu sein.

Ein Stadtvater sagte, es ist eigentlich nichts passiert

Die folgende Episode wäre keiner Erwähnung wert, zeigte sie in einer Rhetorik, über die man heute wohl nur noch den Kopf schüttelt, nicht eine offiziöse Sprachregelung, die man bis zur gründlich misslungenen Jubelfeier von 1991 glaubte aufrecht erhalten zu können.

1969 hatten die Zürcher den Frauen das Stimmrecht auf Gemeindeebene zugesprochen, zwei Jahre später war es dann auf Bundesebene endlich auch so weit. Der ›Stadtvater‹ Sigmund Widmer trat am Abend am Fernsehen auf und sagte wörtlich[1]: »Ganz herzlich möchte ich den Frauen gratulieren. Aber auch den Männern muss ich gratulieren, dass alles mit diesem Frauenstimmrecht so gut herauskam. Und es ist ja tatsächlich wahr, es kam alles gut. Alle Angst war umsonst. Die Angst zum Beispiel, die Männer würden vergewaltigt von der Mehrheit der Frauen. Es gäbe ein politisches Erdbeben oder einen politischen Erdrutsch nach links oder rechts. Und es hat sich doch gezeigt, dass nicht alle Frauen rot stimmen oder dass sie stimmten wie der Pfarrer oder der Arbeitgeber. Und die, die bei der Migros einkaufen gehen, legen auch nicht alle einen Zettel für den Landesring ein.«

Nun scheint das nicht bloss ein etwas kurioser Einzelfall in der TV-Behandlung des Themas Frauenstimmrecht gewesen zu sein. Die Episode bildete einen Teil in einer Rückschau nach 1971 auf die Auseinandersetzungen um das Frauenstimmrecht.[2] Es wird zurückgeblendet auf das Stimmrecht der Frauen zuerst einmal nur in kirchlichen Angelegenheiten. Dann wird an den Empfang der wenigen Frauen im nationalen Parlament mit schönen Bildern erinnert. Eingeblendet wird ein Fernsehauftritt von James Schwarzenbach bei der Ankündigung seiner republikanischen Bewegung, um dann festzustellen, dass sich die Zusammensetzung der Bundesratsparteien im Parlament und in der Regierung – gleichsam trotz allem, trotz Frauen und trotz Schwarzenbach – nicht verändert habe. Auch über Zürich hinaus ist, auch nach 1971, nichts passiert. Dabei war in einer TV-Sendung von 1969 der Frauen ›Marsch auf Bern‹ im Fernsehen schon so dokumentiert worden, dass das verändernd Politische der Slogans weder überhört noch übersehen werden konnte, auch nicht, dass die mit Trillerpfeifen und Sprechchören anwesenden Frauen präzis ausdrückten, worum es ging, vor allem im immer wiederholten Satz »Stüüre zahle, aber au a d'Wahle« – von der Sprecherin als ganz »realistische Forderung« deklariert.

Man kann sich natürlich fragen, ob die betulich verharmlosende Weise der medialen Berichte über diesen ›Kampf um das Frauenstimmrecht‹ System hatte, einer bewussten Strategie einer gleichsam offiziellen Schweiz entsprang. In der Erinnerung an die Zeit habe ich eine etwas andere Vermutung.

Kollektive Abwehrmuster, auf die man lange zählen konnte?

Die 70er Jahre waren eine Zeit, in der jede und jeder immer wieder mit Ereignissen, Nachrichten, Berichten konfrontiert wurde, wie sie gerade nicht vorgesehen waren, weder in linken noch rechten Utopien, auch nicht in den so genannten Realismen des Machbaren. *Grenzen des Wachstums*, veröffentlicht durch den *Club of Rome* 1972, brachte schon im Titel etwas Unerträgliches auf den Punkt: es gab, wissenschaftlich fundiert, Grenzen einer auf grenzenlose Machbarkeit ausgerichteten Vorstellung von Zukunft. In der Erdölkrise schlug die globale Realität die Trommel dazu.[3] Ohne Metaphern: Die Erdölkrise zeigte sich als die Krise, mit der man wirtschaftlich nie mehr geglaubt hatte, rechnen zu müssen.

Ich vermute im Rückblick: Man hat am Anfang der 70er Jahre nach der stillen Zeit unerwarteter Erfolge nach 1945 auch hierzulande das Fürchten gelernt. Ebenso diffuse wie konfus machende Verlagerungen von Bedrohungen, die aus aller Welt offenbar bis zu ›uns‹ durchzuschlagen vermochten, schufen eine generelle Bereitschaft zur Angst oder mindestens zu Ängsten und Befürchtungen. Die Grenzen, die einer scheinbar grenzenlosen Zukünftigkeit, durch Berichte und die Fakten der Realität, unvermittelt gesetzt zu sein schienen, hatten die unheimliche Kehrseite einer neuen Grenzenlosigkeit, die das Hausen im Eigenen, im bis anhin gewährleisteten Sonderfall ganz konkret gefährden konnten. Das wurde kaum von jemandem nicht wahrgenommen. Strategien der Abwehr schienen sich geradezu aufzudrängen: »Uns ist bis jetzt ja noch nichts Ernsthaftes passiert, das werden wir schon richten.« Je nach Herkunft, Grad der realen Verunsicherung, möglichem Verlust der Arbeit oder des Status und seiner Symbole, die man sich mit der Zeit hatte leisten können, sich erkrampft hatte, auch je nach Generation, wurde sehr verschieden auf die unvermittelt eingetretene Situation reagiert.

Bewegungen, die progressiv widerständig die politische Agenda besetzen

Man kann sich im Nachhinein fragen, was dadurch verändert werden konnte, was trotz spektakulärem Erfolg, wie etwa der Verhinderung des AKWs Kaiseraugst, schnell aus der ordentlichen Agenda der CH einfach wieder verschwand. Man könnte mit einer gewissen fast zynischen Bitterkeit anmerken, die Frauen hätten mit ihrer politischen Insistenz noch am meisten erreicht, vom Gleichheitsartikel in der Verfassung (1981) bis zum neuen Eherecht (1988), gerade weil sie sich weniger Illusionen machten über das nach wie vor noch lange nicht Realisierte im politisch Erreichten.

Ich greife ein Beispiel heraus, das für mich, aus heutiger Sicht, fast idealtypisch zeigt, wie bewegte Forderungen nach einem Richtungswechsel vom System Schweiz geschluckt und verdaut werden können. Was mit den Verunsicherungen zu Beginn der 70er Jahre sicher ausgelöst wurde, war ein allgemeiner werdendes Bewusstsein einer Verantwortung der Umwelt gegenüber. Und solches Bewusstsein vermochte sich bis heute auch im politischen Betrieb zu institutionalisieren. Die Grünen sind letztlich ein Resultat dieser Bewusstwerdung und stellen mehr denn je Konkordanzsysteme der Parteien in Frage. Man kann allerdings auch nicht übersehen, dass gleichzeitig am rechten Rand mit ebenso bewusst scharfem wie bewusst stillosem Auftritt auf der Politbühne als Gegengewicht sich so etwas wie eine Autopartei lautstark als Partei etablierte.

Es liesse sich spannend erzählen, wie das Waldsterben starb! Ich greife den Kampf gegen die AKWs heraus. Susan Boos schreibt in der *Wochenzeitung* vom 1. Mai 2003 einen rückblickenden Artikel, in dem sie aus der Dissertation von Patrick Kupper[4] folgende Sätze zitiert: »Indem alle Akteure [d.h. natürlich die Betreiber eines zukünftigen AKWs, M.Z.] in die gleiche Richtung marschierten, versicherten sie sich wechselseitig, auf dem ›richtigen Weg‹ zu sein. Das Ganze lässt sich daher als kollektive Fehleinschätzung der bestehenden Unsicherheiten einschätzen.« Und die WOZ-Redaktorin fügt dem die eigene Einschätzung an: »Kuppers Dissertation ist ein Lehrstück über ehrgeizige Männer, die der Gesellschaft eine unausgegorene Technologie aufschwatzen, weil sie glauben, damit ihre Stellung zu stärken. Das Lehrstück ist allerdings noch nicht zu Ende.«

Genau so ist es. Dabei sind ein paar Daten hochinteressant.

Die Besetzung des Geländes von Kaiseraugst fand 1975 statt. Mit der Besetzung begann[5] die Verhinderung des (zunächst von der Bevölkerung sogar begrüssten) Baus des AKWs. Es gab Anti-AKW-Märsche mit erstaunlich vielen Mitmarschierenden. Man war sich also in der schweizerischen Anti-AKW-Bewegung früh bewusst, was einem blühen konnte. Erst dreieinhalb Jahre nach der Besetzung von Kaiseraugst ereignete sich am 28. März 1979 der Harrisburg-GAU[6]. Ich arbeitete damals für die Politsatire-Sendung *Der Faktenordner* des Schweizer Radios. Zusammen mit meinem Musikerfreund Mani Planzer hatte ich einen grossen Beitrag zum GAU verfasst. Vor der Erst-Ausstrahlung der Sendung wurde ich zum Programmchef gerufen. Mein Manuskript war übersät mit roten Fragezeichen. Wir gingen gemeinsam Punkt für Punkt durch; in meiner Collage war alles belegt. Die Sendung wurde ausgestrahlt. Der Programmleiter hatte von der Schweizerischen Atomlobby wenige Tage zuvor einen Brief erhalten, in der man sich über beständig negative Sendungen zur Atomenergie beschwerte. Man hatte offenbar damit gerechnet, ohne es wissen zu können, dass *Der Faktenordner* zuschlagen könnte. Nach zweimaliger Ausstrahlung des Beitrags ging im Studio Zürich aber kein einziger Protest ein.

Mir fällt auf, dass jetzt bei allen Gedenksendungen und Artikeln zu 20 Jahren nach Tschernobyl (1986) Harrisburg, so weit ich gesehen habe, nirgendwo vorkommt. Noch auffälliger ist allerdings, dass gewisse Kreise ganz ungeniert, gleichzeitig mit dem Gedenken an eine Jahrhundertkatastrophe und der dezidierten Äusserung der SPS zum Ausstieg aus der Atomenergie, munter von der Option Atomkraft schwadronieren können. Hier bei uns ist bekanntlich nichts passiert und wird nie etwas passieren. Die Sowjeter konntens einfach nicht (und die Amis wohl auch nicht?). Vor kurzem habe man im Tessin eine geschossene Wildsau entsorgen müssen, weil die radioaktiven Cäsiumwerte den Verzehr des Fleisches nicht erlaubt hätten. Man könnte fragen, in welches Endlager die Sau wohl geriet.

Es ging auch wieder mal ums Gold und um Profite, aber keineswegs um Moral

Dass die Schweiz bis zum bitteren Ende in fast jeder Hinsicht fragwürdigste Beziehungen zum Apartheid-Regime von Südafrika unterhielt – Goldhandel, Investitionen, Kapitalexport, Exportrisikogarantien, Waffenhandel, bedenkliche Technologietransfers, Zusammenarbeit der Geheimdienste – , hätte man schon während der Zeit, in der diese Beziehungen beständig ausgebaut wurden, wissen können. Die Schweiz geriet mit ihrem Abseitsstehen gegenüber Sanktionen sogar unter internationalen Druck. Da schaute eine Mehrheit der Bevölkerung in der Schweiz lieber weg, überliess so komplizierte Dinge im fernen Ausland der Staatsräson[7], die wohl ihre Gründe haben musste. Die ersten Granny-Smith-Äpfel (ursprünglich in Australien produziert) kamen, wenn ich mich richtig erinnere, aus Südafrika in unsere Läden. Sie schmeckten ausgezeichnet (wie die Trauben mitten im Winter). Ein allenfalls auftauchendes schlechtes Gewissen darüber, dass man damit vielleicht etwas unterstütze, was nicht unterstützt werden sollte, schluckte man mit dem zweiten Biss in die grüne Herrlichkeit hinunter. Irgendwann würde zudem dort unten sich alles irgendwie entwickeln – auch ohne unser Zutun.[8]

Staatsräson! So einfach war es nicht, weil dieselbe Staatsräson immer noch dafür sorgt, dass nicht ganz alles von allen gewusst werden kann, indem wichtige Archive nicht zugänglich sind. Und dies nach jahrelangen Studien der engagierten *Recherchiergruppe Schweiz–Südafrika*, nach den insistenten Arbeiten der 1978 gegründeten *Aktion Finanzplatz Schweiz (AFP)*.[9] Die kürzlich veröffentlichten Studien des Nationalen Forschungsprogramms 42+ über die Beziehungen Schweiz–Südafrika bringen zwar neue Resultate, die »schlimmste Vermutungen bestätigen«, wie die erwähnte Recherchiergruppe schreibt. Aber: »Die Zensur hatte zum Ziel, die Grossbanken und -unternehmen, die Nationalbank, das Seco, das EFD und den Bundesrat als Regierung vor der Veröffentlichung der Fakten zu schützen.« Und weiter müsse nach einer Pressemitteilung[10] festgehalten werden: »Laut Recherchiergruppe betrachten die Behörden die Tatsache, ob Grossbanken und -unternehmen Diktaturen Vorschub leisten, offensichtlich als schützenswerte Privatsache.«

Damit wird es kompliziert. Die schweizerische Staatsräson hätte ihre Räson offenbar darin, ›Private‹ zu schützen. Nun ist das keine neue Logik, wie man nach Veröffentlichung der Berichte der Bergier-Kommission wissen könnte. Mascha Madörin formuliert es in ihrem brillanten Essay *Schummeln, verschweigen, herunterspielen*[11] folgendermassen: »Diese demokratiefeindliche Geheimhaltungspolitik in einer Bankenrepublik, so lässt sich aufgrund des Schlussberichts zum NFP 42+ nicht genügend betonen, gehört seit 50 Jahren zum ›courant normal‹ schweizerischen Regierens.«

›Courant normal‹, was dasselbe bedeutet wie ›business as usual‹, fast dasselbe, müsste man differenzieren, indem der ›courant normal‹ des Staates das Business erst ermöglicht als auch gewährleistet und schützt. Mascha Madörin macht noch klarer, was das bedeutete und immer noch nicht aufgehört hat zu bedeuten: »Obwohl die Frage nicht systematisch untersucht wurde, zeigen verschiedene Studien, wie stark die schweizerischen staatlichen Instanzen und ihre Vertreter während der Apartheid zu Hofdiplomaten, ja, zum Personal der Schweizer Wirtschaft degradiert wurden und sich dem Apartheid-Regime geradezu anbiederten. Je grösser die internationale und nationale Kritik an der Apartheid wurde, desto schwieriger wurde die Aufgabe der mit Südafrika befassten Diplomaten und Beamten, das Image der Schweiz trotz expandierender Geschäfte gegenüber der nationalen und internationalen Öffentlichkeit zu retten, nach ›Lösungen‹ zu suchen, um die Geschäfte zu ermöglichen, und dafür zu sorgen, dass nicht allzu viele Fakten an die Öffentlichkeit gelangten.«

Die richtige Art der ›Lösungen‹ hatte man schon ganz am Anfang gefunden. Alles fing damit an, richtig (für Jahre) zu funktionieren, als die Schweiz aus einer Statistik zum Verschwinden gebracht wurde. Zwar meldete der SP-Bundesrat Willy Spühler anfänglich noch Bedenken an: »Schon im März

1968 hatte Spühler in einem Brief an die Nationalbank die Überlegung angestellt, ob nicht Massnahmen zu ergreifen wären, um ein ›angemessenes Niveau der Investitionen‹ [in Südafrika] respektive, wie er später im Juni präzisierte, eine Kapitalexportbeschränkung zu gewährleisten. Dagegen machten die Grossbanken mobil, hatten sie doch soeben den Zürcher Goldpool[12] gegründet, um die Goldverkäufe Südafrikas zu übernehmen und die Bank of England in diesem Geschäft auszubooten – obwohl sich die schweizerische Nationalbank und der Bundesrat mehrmals gegen die Schaffung eines solchen Goldpools geäussert hatten.« Die Schweizer Grossbanken wussten es offenbar besser und behielten Recht, weil sie weltweit mit der Zeit die Wichtigsten waren, die das Apartheid-Regime mit Kapital und Investitionen gewinnbringend stützten. Dafür musste dem schweizerischen Staat allerdings mit Macht die richtige Räson noch beigebracht werden. Das geschah denn auch ziemlich speditiv und für die ganze Zeit des Regimes in Südafrika ebenso wirksam wie diskret. Ich zitiere noch einmal aus Mascha Madörins Analyse: »Ende des Jahres erhielt der Schweizer Botschafter in Südafrika den Auftrag, beim südafrikanischen Finanzministerium vorstellig zu werden und vorzuschlagen, die Statistiken so abzuändern, dass die ›Schweiz‹ darin nicht mehr erscheine [...], was Ende 1968 auch prompt der Fall war.« »Nur keine Moral!«, heisst der nächste Untertitel nach dem eben zitierten Abschnitt. Diese Normalität hatte sich erfolgreich durchgesetzt im ›courant normal‹ der Schweizer Aussenhandelspolitik. Wer das glaubte kritisieren zu müssen, mochte später die Vergangenheit historisch aufarbeiten, aber nur so weit, als die Staatsräson nicht daran gehindert wurde, die je neue Privatheit des Geschäfts weiterhin bestmöglich zu decken.

»Mer wei nid grüble«, soll eine alte Berner Volksweisheit lauten, die insofern Recht behält, als es beim Ausgraben manchmal stinken tut.[13]

Die Schweiz hat, wie man weiss, während des Zweiten Weltkriegs mit Nazideutschland Geschäfte gemacht und aus Staatsräson in Kauf genommen, dass Menschen zu Schaden kamen. Die offizielle Schweiz hat sich über Jahre hinweg mit der besonderen Gefährdung des Landes im Krieg zu rechtfertigen versucht und unter internationalem Druck sich für die Aufarbeitung der Vergangenheit entscheiden müssen.

Die Schweiz hat während Jahren mit dem Apartheid-Regime Geschäfte gemacht und war keinem anderen Druck ausgeliefert als dem ihrer eigenen Grossbanken und Grossunternehmen. Die offizielle Schweiz versucht bis heute, sich der Verpflichtung einer restlosen Aufarbeitung (wieder) einer Vergangenheit so weit wie möglich zu entziehen – und dabei einen ›courant normal‹ zu retten, von dem sich zu verabschieden man auch für die Zukunft wenig geneigt ist.

Die Logik des ›es ist doch nichts passiert‹ scheint sich in schweizerischer Mentalität bis ins Kleinste als helvetischer Habitus festgesetzt zu haben und bedeutet als Staatsräson ›es soll nichts passiert sein‹.

Dürrenmatt hat kurz vor seinem Tod (1990) in einer berühmten Rede im Gottlieb Duttweiler Institut Vaclav Havel diese Schweiz erklärt »als ein Gefängnis, wohinein sich die Schweizer geflüchtet haben, weil alles ausserhalb des Gefängnisses übereinander herfiel, und weil sie nur im Gefängnis sicher sind, nicht überfallen zu werden, fühlen sich die Schweizer frei, freier als alle anderen Menschen, frei als Gefangene im Gefängnis ihrer Neutralität. Es gibt nur eine Schwierigkeit für dieses Gefängnis, nämlich die zu beweisen, dass es kein Gefängnis ist, sondern ein Hort der Freiheit.« Es ist interessant, dass Dürrenmatt den Bogen der Gefängnis-Metapher vom Zweiten Weltkrieg bis zur Zeit nach dem Fall der Mauer spannt. Nie etwas passiert, Friedrich Dürrenmatt?

1 Ich übersetze möglichst nahe am rhetorischen Duktus aus dem Schweizerdeutschen.

2 Die Dokumente können von www.radiotv2000.ch heruntergeladen werden.

3 Johannes Kepler, der grosse Astronom des 17. Jahrhunderts, hat zur Frage der Astrologie den Ausspruch getan: »Der Himmel schlägt die Drumbel dazu«, und damit kryptisch auf Irrationalitäten in rationalen Systemen verwiesen. Wir könnten es heute genauer wissen, wo uns die Trommel geschlagen wird.

4 Siehe Kupper, 2003.

5 Es wird noch 11 Jahre dauern, bis die Betreiberfirma das Projekt aufgibt. Der besondere Witz der Geschichte bestand darin, dass Motor Columbus noch 1986 glaubte, die Planruine retten zu können. Der Rettungsversuch war fast auf den Tag genau ausgerechnet zu der Zeit angesetzt, als Tschernobyl hochging.

6 Das Wort GAU wurde damals auch in seriösen Medien gebraucht.

7 Laut Brockhaus ist Staatsräson »der Grundsatz, dass die Verwirklichung des ›Wohls des Staates‹ (Sicherung seiner Existenzbedingungen, Erhaltung und Erweiterung seiner Macht) erste Aufgabe der politischen Führung und der sie tragenden Kräfte sei; als Idee zuerst von N. Machiavelli (*Il principe*, 1532) formuliert, seither verschieden interpretiert und häufig abgelehnt.«

8 Ich möchte betonen, dass ohne äusserst engagierte, sachkundige Kritik an und Widerstand gegen die CH-Geschäfte mit dem Apartheidsystem wahrscheinlich nie etwas in dieser Sache ins Rollen gekommen wäre. Auffällig – wie in allen anderen Widerstandsbewegungen der 70er, 80er und 90er Jahre bis heute – ist die Rolle, die mutige Frauen spielen. Ohne dezidierten Widerspruch der Frauen wäre in der Schweiz wohl wirklich nie etwas »passiert«!

9 Siehe die wichtige Publikation der AFP, *Finanzplatz Informationen*, Basel 4/2005, erweiterte Sonderausgabe: Schweiz – Südafrika; auch auf www.aktionfinanzplatz.ch einsehbar.

10 www.apartheid-reparations.ch

11 Siehe *Finanzplatz Informationen* 4/2005.

12 Golddeckungen von Währungen spielten, seitdem der US-Dollar Leitwährung geworden war, nur noch vermittelt eine Rolle. Mit dem Zusammenbruch des Bretton-Woods-Systems und seinen Folgen hatte Gold seine Funktion als Deckung für Währungen vollständig eingebüsst. In anderer Hinsicht allerdings nicht, indem nach der Krise des Bretton-Woods-Systems der Wert des Goldes um ein Mehrfaches anstieg und damit die Goldbesitzenden reicher und die Nicht-Besitzenden ärmer machte. Zudem hat Gold noch anderen ›Wert‹, wie der Bedarf der Schmuckindustrie weltweit bis heute verdeutlichen kann. Gold könnte in absehbarer Zeit auch industriell eine Rolle spielen. Beim Wert des Goldes sind offenbar Business-Realität und Magie immer aufs engste miteinander verknüpft. Gold spielte in Schweizer Dienstleistungen gegenüber Nazi-Deutschland eine andere Rolle als der Goldpool, den sich Grossbanken im Geschäft mit Südafrika anlegten. Was sich gleich blieb, war die moral-freie Aneignung von Profit im Geschäft mit wem auch immer. Auch heute steigt der Goldpreis wieder mal…

13 Karl Valentin hat bei einem grossartigen Feuerwerk auf den Punkt gebracht, was bei aller Herrlichkeit nie vergessen gehen sollte: »Herrlich ist's, doch stinken tut's«. Aber da finge sie ja schon wieder an, die Moral.

Kapitel zwei
Der Widerstand einer ›anderen Schweiz‹ formiert sich

Menschlichkeit über dem Gesetz

»Wir sind da, um Menschen zu schützen. Wenn es sein muss, lassen wir uns einsperren.« Auf solche Appelle hin füllten sich 1986 grosse Kirchgemeindesäle. In Genf, Bern, Lausanne und Basel wurde zum zivilen Ungehorsam aufgerufen, und Hunderte von beunruhigten Menschen – von der Parlamentarierin bis zum Gewerkschaftsfunktionär, vom Pfarrer bis zur einfachen Kirchgängerin, vom Schriftsteller bis zur Sekretärin – folgten ihm. Damals waren es vor allem Flüchtlinge aus der Türkei nach dem Militärputsch, aus Sri Lanka nach den Pogromen und aus Mobutus Zaïre, denen die Schweiz die Aufnahme verweigern wollte. Im Herbst 1986 bildeten sich zahlreiche Patenschaftsgruppen, und Kirchen stellten abgewiesene Flüchtlinge unter ihren Schutz. Acht evangelisch-reformierte Kirchgemeinden im Kanton Bern brachten 40 Tamilinnen und Tamilen in Sicherheit. Die *Notre Dame* von Genf nahm vor allem zaïrische Flüchtlinge auf. In Lausanne gewährten die katholische Kirchgemeinde Saint-Amédée und die reformierte Kirchgemeinde von Bellevaux mehreren abgewiesenen Asylsuchenden am Tag ihrer Ausreise Kirchenasyl.[1] Mehr noch: Drei Lausanner Stadträte übernahmen im August 1986 selbst Patenschaften für neun »zum Untertauchen gezwungene Personen«. KünstlerInnen und Schriftsteller traten dafür ein, dass Menschlichkeit über den Gesetzen stehe. Juristen wie der Basler Rechtsprofessor Johannes Georg Fuchs stellten fest, das Recht auf Widerstand könne das Recht vor Unrecht schützen, wenn das Recht ein Instrument des Unrechts werde. In Basel wehrte sich eine zwölfköpfige Patenschaftsgruppe gegen die Ausschaffung einer kurdischen Familie.[2]

Banquets républicains

An den Banquets républicains, wo sich die Widerständigen an langen, festlich gedeckten Tafeln zusammenfanden, meldeten sich zahlreiche prominente Persönlichkeiten zu Wort. So sagte Alfred A. Häsler (Autor von *Das Boot ist voll*) am Banquet républicain vom 3. September 1986: »Und was mich einigermassen erschüttert, ist das: Dass nach dem, was damals passiert ist, heute wieder mit den gleichen Argumenten Politik gemacht wird, nämlich mit einem diffusen Unbehagen [...], das sich auf Andersartige und Fremde projiziert.« Die Erinnerungen an die Schweizer Flüchtlingspolitik im Zweiten Weltkrieg waren bei den älteren Menschen in der neu entstehenden Bewegung sehr präsent. Das gastgebende Ehepaar Peter und Heidi Zuber gab bekannt, dass es sich mit Handschellen an ein abgewiesenes Paar aus Zaïre fesseln wollte, falls die Behörden auf dessen Rückschaffung bestünden. Max Frisch liess verlauten, «dass ich mit Ihrer Aktion sympathisiere und die Form des persönlichen Widerstands vorbildlich finde.«[3]

Ziviler Widerstand gegen restriktive Auslegung des Asylgesetzes

Was hat Mitte der 80er Jahre so viele Menschen aufgerüttelt, dass sie eine starke Widerstandsbewegung gegen die sich verschärfende Asylpolitik bilden konnten? Was veranlasste sie, den Aufrufen zu zivilem Ungehorsam zu folgen? Es war erstens die Erkenntnis, dass selbst Flüchtlinge, welche die im Asylgesetz enthaltenen Flüchtlingseigenschaften erfüllten, abgewiesen wurden. Die an sich liberale Flüchtlingsdefinition im Schweizer Asylgesetz wurde schon damals so restriktiv ausgelegt, dass Verfolgte nicht mehr als asylwürdig anerkannt wurden. Zweitens schickten manche kantonale Fremdenpolizeien, bei denen die Flüchtlinge ihr Asylgesuch einreichen mussten, ihre Klientel je nach Laune unter wüsten Beschimpfungen wieder weg und nahmen ihre Gesuche häufig gar nicht entgegen. In Basel beispielsweise mussten wir die Flüchtlinge stets auf das Büro begleiten, weil die Beamten so rüde waren und bisweilen auch handgreiflich wurden. Drittens war aufgrund von Einsparungen beim Bundespersonal im Asylbereich ein riesiger Pendenzenberg angewachsen, den die Behörden mit rigorosen Wegweisungen abbauen wollten. Davon betroffen waren auch Flüchtlinge, die schon während Jahren auf einen Asylentscheid gewartet hatten und bereits über ein gutes Beziehungsnetz in der Schweiz verfügten. Viertens war eine üble mediale Hetzkampagne gegen die Asylsuchenden, insbesondere gegen die Tamilen, im Gange. Fünftens verfügten die Behörden für die Krisenländer, aus denen die Menschen vor Verfolgung flohen, den Visumszwang. Sechstens sollten die Flüchtlinge verstärkt an den Grenzen abgewehrt werden. Und siebtens stand 1986 bereits die zweite Asylgesetzrevision bevor – nachdem das Gesetz erst 1981 in Kraft gesetzt worden war.

Wer wie ich die damalige Aufbruchstimmung der Asylbewegung miterlebte, weiss auch von der bestärkenden Überzeugung, dass wir mit vereinten Kräften etwas bewirken könnten. Man war eng vernetzt, hatte Zivilcourage und traf sich häufig. Es herrschte, wie bei allen entstehenden Bewegungen, das beflügelnde Gefühl, wir könnten Berge versetzen. Es waren die unzähligen gleichzeitig durchgeführten Aktionen des zivilen Ungehorsams, die den Auftakt der Asylbewegung bildeten und sich gegen das durch Gesetze verordnete Unrecht stellten. Wer sich auf Versteckaktionen und Kirchenasyle einliess, wusste aber nie, worauf die Aktion hinauslief. Was, wenn die Behörden nicht einlenkten? Eine solche Aktion konnte viele Monate dauern und erforderte von den Beteiligten ein sehr grosses Engagement. Noch grösser war das Wagnis für die Versteckten und Beschützten, die von den sie beschützenden Personengruppen abhängig waren.

Natürlich argumentierten auch damals die Behörden, dass ein Kirchenasyl als rechtsfreier Raum nicht geduldet werden könne. Vertreter der Nationalen Aktion wiederum warfen den Behörden vor, sie würden diesem gesetzeswidrigen Treiben tatenlos zusehen. Das öffentliche Bekenntnis der Widerstand Leistenden zum eigenen Gewissen und zu den humanitären Grundwerten sowie die Bereitschaft zum zivilen Ungehorsam hat die Asylbewegung bis heute geprägt. Diese Aktionen blieben nie erfolglos. Zwar konnte der sich verschärfende offizielle Asylkurs bestenfalls nur etwas gebremst werden, doch immerhin wurden Tausende von Schutzsuchenden vor einer Ausschaffung bewahrt. In einem EJPD-Papier vom 9. April 1986 zur Asylgesetzrevision beklagt das Departement die öffentlichkeitswirksame Darstellung von hilflosen abgewiesenen Asylsuchenden an der Grenze oder im Inland durch »karitative oder andere Hilfsorganisationen«.[4]

Die Gründerjahre

Viele Gruppen und Organisationen im Asyl- und Migrationsbereich feiern in diesen Jahren ihr zwanzigjähriges Jubiläum. Wurden sie in den 80er Jahren mit viel Enthusiasmus und Spontaneität gegründet, so zeigten sie in den folgenden Jahren viel Beständigkeit. Die AAA (Aktion für abgewiesene Asylsuchende) wurde im November 1984 vom Ehepaar Zuber ins Leben gerufen, zwei Jahre nach der Gründung von CEDRI (Europäisches Komitee zur Unterstützung der Flüchtlinge und Gastarbeiter). Es gab noch eine andere AAA von Kaplan Cornelius Koch (Asyl-Asile-Asilo), der auf der italienischen Seite der Grenze ein Flüchtlings-Empfangsbüro in Como-Ponte Chiasso eröffnete. Kochs Freund Don Renzo Beretta baute den Kirchturm seiner Kirche in eine Unterkunft für die von der Schweiz an der Grenze zurückgewiesenen Flüchtlinge um. Im gleichen Jahr wie die CEDRI bildete sich das Asylkomitee Schweiz, ein Zusammenschluss von lokalen Asylkomitees, die sich laufend vermehrten. Das Basler Asylkomitee entstand bereits 1982, da die damals vor dem Militärputsch flüchtenden KurdInnen und TürkInnen vor allem in Basel Zuflucht suchten.[5] Die Freiplatzaktion lebte 1984 wieder auf – gegründet an einer Mitgliederversammlung vom cfd, dem christlichen Friedensdienst. Pfarrer Max Stückelberger, ›dr Stüggeli‹, der zuerst beim Asylkomitee Basel aktiv war, amtete bis 1991 als Vereinspräsident der Basler Freiplatzaktion und engagierte sich danach in diesem Rahmen unermüdlich als Laienrechtsvertreter und ›Onkel‹ von tamilischen Flüchtlingen.[6]

Inspiriert durch Marie-Claire Caloz-Tschopp, Basisaktivistin und Philosophin – sie sollte nach zwanzig Jahren das Kopräsidium von Solidarité sans frontières übernehmen – und dem Comité Suisse de défense du droit d'asile (CSDDA) entstand 1986, gleichzeitig mit dem Referendumskomitee gegen die Aushöhlung des Asylrechts, die BODS/MODS/MADS, die Bewegung für eine offene, demokratische und solidarische Schweiz, die in allen drei Landesteilen verankert war. Zahlreiche Intellektuelle und Kulturschaffende hoben sie am 25. April 1986 aus der Taufe. Die BODS-Charta, eine verpflichtende Erklärung, wurde an einer zweitägigen Konferenz erarbeitet und zwei Wochen später, am 27. September 1986, an einer grossen Kundgebung mit rund 8000 TeilnehmerInnen präsentiert.[7] In diese Zeit des Aufbruchs fiel auch die Gründung von SOS-Asile Vaud und der Asylbrücke Zug. Damals wurden viele Ausschaffungen durch Versteckaktionen verhindert: Zwischen 1984 und 1986 standen der AAA rund 10'0000 AktivistInnen und 1000 Privatplätze zur Verfügung. Im September 1985 hatten Chilenen die Markuskirche in Zürich-Seebach besetzt. Man orientierte sich dabei am usamerikanischen *Sanctuary Movement.*[8]

An der Basis: lokal, national, international?

Die jungen asylpolitischen Organisationen arbeiteten an der Basis und wollten sowohl lokal wie national denken und handeln. Sie wollten sich gegenseitig bei ihren Aktionen den Rücken stärken und in Bundesbern als geschlossene Kraft auftreten, denn schliesslich war Asylpolitik in erster Linie Bundessache. Über die Frage, wie weit mit den Behörden Dialoge geführt werden sollen, kam es aber unter den AktivistInnen immer wieder zu Differenzen. Die Linke (SAP, POCH, PdA und andere) bemängelte an der Asylbewegung »im Umfeld der Kirchen«, dass sie einer direkten Konfrontation mit staatlichen Organen ausweiche und eine unversöhnliche Widerstandspraxis vermeide.[9] Für die international orientierten Linksparteien waren Flüchtlinge und ArbeitsmigrantInnen Teil der kapitalistischen Widersprüche. Die POCH schrieben in ihrem Jahrbuch 1986: »Wie die ausländischen Arbeiter wurden die Flüchtlinge zu Manövriermassen zwischen den Staaten. […] Unter peinlichen Verrenkungen und Grimassen behaupten die Bundesratsparteien das humanitäre Gesicht zu wahren, implizit haben sie die Definition übernommen, dass die Flüchtlinge selbst das Problem seien. Um es zu lösen, müssen sie verschwinden. […] Die Trennung in echte und unechte Flüchtlinge widerspricht der Perspektive eines neuen Internationalismus. […] Im Zentrum hätte heute ein internationales Schuldenmoratorium für die Dritte Welt zu stehen, sowie die Unterstützung aller Bestrebungen, die auf eine neue Weltwirtschaftsordnung zielen und eine Blockbildung überwinden.«[10]

Diese Position von linken AktivistInnen weitete zwar den Blick auf die weltwirtschaftlichen Zusammenhänge aus, in denen die Flüchtlinge standen, übersah jedoch, dass die Durchführung von Kirchenasylen und Versteckaktionen eine unversöhnliche Konfrontation mit den Behörden ausschloss. Denn für die zu Schützenden galt es immer wieder aufs Neue, Aufschub und Zwischenlösungen auszuhandeln, um eine unmittelbare Ausschaffung abzuwenden. Aktionen des zivilen Ungehorsams waren damit an einen fortwährenden Dialog mit den Behörden gebunden. Natürlich gab es auch Kreise im Asylbereich, die lieber auf solche Aktionen verzichteten und von Anfang an ihre Hoffnung auf Dialog und Versöhnung setzten.

Die asylpolitischen Basisgruppen aus den verschiedenen Kantonen trafen sich häufig und stimmten ihre Politik gegenseitig ab. Das Referendum gegen die zweite Asylgesetzrevision im Jahre 1986 schweisste sie zusammen. Aus der Zusammenarbeit von BODS, CEDRI, Ufficio Svizzero Accoglienza Profughi, Asylbrücke Zug, Coordination Génévoise pour le droit d'asile, Zubers AAA, Comité Suisse pour la défense du droit d'Asile, Asylkoordination Zürich, SOS-Asile Vaud und den verschiedenen lokalen Asylkomitees sowie dem ›Höhlenkomitee‹ (Referendumskomitee gegen die Aushöhlung des Asylrechts) bildete sich die Asylkoordination Schweiz (AKS) mit rotierendem Vorsitz. Die VertreterInnen dieser Organisationen trafen sich alle zwei bis drei Monate an zentral gelegenen Orten wie Olten oder Bern. Die Sitzungen wurden von einem die verschiedenen Organisationen repräsentierenden Ausschuss vorbereitet. An diesen stets von 20 bis 30 VertreterInnen besuchten Treffen wurden Erfahrungen über die Umsetzung des revidierten Asylgesetzes in lokale Praktiken ausgetauscht und gemeinsame Widerstandsaktionen diskutiert. Zentrale Themen waren beispielsweise der Widerstand gegen Flüchtlingsgrosszentren, gegen das neue beschleunigte Asylverfahren, das ›Verfahren 88‹ (siehe unten, Seite 59f.), gegen die Abweisung von Flüchtlingen an der Grenze, sowie die Frage einer Globallösung für lange anwesende Asylsuchende.[11]

Zunehmend belastete die Gruppen die Arbeit mit Einzelfällen: 1987, nach dem ersten gescheiterten Asylreferendum, übernahmen AktivistInnen unzählige Mandate von Asylsuchenden. Sie wollten damit nicht nur die Kontakte mit den Asylsuchenden aufrechterhalten und der Beamtenwillkür vorbeugen, sondern auch Licht ins Dunkel der offiziellen Asylpraxis bringen. Die Asylbehörden schirmten die Asylsuchenden immer stärker in Zentren ab, zu denen die Asylbewegung keinen Zugang hatte oder die zu abgelegen waren. An der Vollversammlung der Asylkoordination Schweiz vom 9.11. 1988 stellten die Anwesenden fest, dass täglich 10 Asylsuchende aus dem Melchtal zu einem Schnellverfahren ins Flüchtlingsamt nach Bern gefahren würden. »Wie können wir erreichen, dass wir auch künftig bei möglichst vielen ›Fällen‹ mitverfolgen und kontrollieren können, was geschieht?«, fragten sich die AktivistInnen und beschlossen, das Netz der Bevollmächtigten zu vergrössern.[12] Die unzähligen Mandatsübernahmen machten die AktivistInnen zu Rechtskundigen, setzten ihnen aber arbeitsmässig enorm zu. So vermeldeten die VertreterInnen der lokalen Gruppen an der Sitzung der Asylkoordination chronische Überbelastung: »Zug: Viel

Kleinarbeit. Versuchen Kontakte mit Asylsuchenden zu schaffen. Waadt: Einmal in der Woche haben sie die Rechtsberatungsstelle offen. Neuenburg: Die Safe-Country-Bestimmungen schaffen Probleme.«[13]

Das freiwillige Engagement bis zur Erschöpfung unter den eng vernetzten AsylaktivistInnen hat über die Jahre eine Beziehungsstruktur des Vertrauens entstehen lassen, die die langjährigen Beteiligten beinahe familiär verband. Diese Verbundenheit überdauerte auch spätere Differenzen, als einzelne Exponenten, wie Peter Zuber, eine vielfach kritisierte enge Zusammenarbeit mit dem Flüchtlingsamtsdirektor Peter Arbenz und dessen Nachfolgern pflegten.[14]

Bei der Gründung der Asylkoordination wurde bewusst auf den Aufbau eines neuen Vereins verzichtet. Die den Zusammenschluss initiierenden Organisationen verpflichteten sich zu einem Jahresbeitrag von 1000 Franken oder mehr und zur abwechselnden Übernahme der gemeinsamen Sekretariatsarbeit für ein halbes Jahr. Mit diesem System wollte man einer Konkurrenzierung unter den angeschlossenen Organisationen vorbeugen.[15] Doch nachdem sich die Mehrheit der grossen Organisationen aus der Verpflichtung der Sekretariatsübernahme zurückgezogen und die BODS das Sekretariat ein Jahr allein geführt hatte, rangen sich die Teilnehmenden 1992 dazu durch, ein AKS-Sekretariat einzurichten. Die AKS sollte damit »ihren festen Platz als Sprachrohr der Gegenöffentlichkeit im Asylbereich erhalten«. Man sah das Sekretariat als Kontrapunkt zur Tatsache, dass »die meisten Gruppierungen in der Schweizer Asylbewegung regional bezogen arbeiten. Im Vordergrund des Interesses stehen die eigenen Projekte, vor allem aber die Einzelbetreuung.«[16] Im April 1993 wurde nach langen Diskussionen Erica Burgauer die Koordinationsarbeit als erster angestellten Sekretärin übergeben.

Das Bild des Flüchtlings

Mit dem Niedergang der Schwarzenbach-Republikaner in den 70er Jahren verlor der Überfremdungsdiskurs an Brisanz, fand aber Anfang der 80er Jahre im Asylsuchenden ein neues Objekt.[17] Den ›unechten Flüchtlingen‹ wurde der Kampf angesagt. Asylsuchende wurden damit in mehrfacher Hinsicht in eine passive Opferrolle gedrängt: Um dem Bild des ›echten Flüchtlings‹ zu entsprechen, mussten sie die guten und dankbaren Wehrlosen sein. Diese Rolle wurde ihnen auch durch die rechtliche Flüchtlingsdefinition aufgezwungen. Zudem waren sie als völlig Rechtlose auf die Unterstützung der ihnen wohlgesinnten InländerInnen angewiesen.

Auch die Asylbewegung vermochte sich den Schlagworten von ›echten‹ und ›unechten‹ Flüchtlingen nicht zu entziehen. In einem Konferenzbericht vom Februar 1985 hielten AktivistInnen fest, dass die Unmöglichkeit, im Herkunftsland Arbeit und Einkommen zu finden, als Asylgrund nicht ausreiche.[18] Nur wenn die Entbehrungen an eine in der Flüchtlingskonvention festgehaltene Diskriminierung gebunden seien, lasse sich ein Asylgrund festmachen. Als LaienrechtsvertreterInnen von Asylsuchenden waren Asylbewegte gezwungen, sich mit der engen Auslegung des Flüchtlingsbegriffs herumzuschlagen und Beweise zu erbringen, dass ihre MandantInnen die restriktiv gehandhabten Flüchtlingseigenschaften erfüllten. Diese Tätigkeit hat das Flüchtlingsbild vieler AktivistInnen stark geprägt. Erst ein paar Jahre später setzte sich eine zweite Argumentationslinie in der Asylbewegung durch, die mit der Kategorisierung von Flüchtlingen aufräumen wollte. So äusserte sich beispielsweise Haydar Özlihan in einem WOZ-Interview vom 30.10.92: »Es gibt für mich nur Flüchtlinge. Ich finde es falsch, einen grossen Teil der Flüchtlinge zu beleidigen, indem man sagt, sie seien Wirtschaftsflüchtlinge. Vielleicht hatte ich einfach Glück, dass ich meine politische Verfolgung beweisen konnte. Ich kann diese Kategorisierung einfach nicht akzeptieren. Es gibt nur eine Kategorie: Menschen, die aus irgendwelchen Gründen im eigenen Land Schwierigkeiten hatten und deshalb geflohen sind.«[19]

Zwischen den AnhängerInnen der beiden Argumentationslinien kam es häufig zu Abgrenzungen, wiewohl beide Seiten auf das Engagement aller Asylbewegten angewiesen waren.

Die Schweizerische Flüchtlingshilfe, die sich als Hüterin des Asylrechts versteht, antwortete 1996 auf die Journalistenfrage zu ihrem Verhältnis zu Cornelius Koch: »Wir haben nichts mit illegalen Flüchtlingen zu tun.«[20] Reine Flüchtlingsorganisationen fühlen sich bis heute durch die Perspektivenöffnung auf die gesamte Migration bedroht, weil sie damit den Flüchtlingsbegriff unterwandert sehen, der implizit auf dem Bild vom ›echten‹ Flüchtling beruht.

MigrantInnen, vor allem diejenigen mit prekären Aufenthaltsbedingungen, und das waren zunehmend diejenigen aus Nicht-EU-Ländern, hatten keine grössere Lobby mehr. Die einzige Lobby der MigrantInnen bildeten eigentlich die Gewerkschaften, insbesondere die MigrantInnen-Kommissionen. Doch erst in den 80er und 90er Jahren, als in den Gewerkschaften die 68er-Generation ans Ruder kam, öffneten sich die Gewerkschaften den Mitgliedern ohne Schweizerpass.[21] Diese stammten in der grossen Mehrheit aus EU-Ländern, die allmählich gegenüber den Nicht-EU-Angehörigen ausländerrechtlich eine privilegierte Stellung einnahmen.

Die Hungerstreiks der Flüchtlinge

Nicht alle Flüchtlinge haben sich anstandslos dem Bild des passiven Opfers angepasst. Vor allem die in die Schweiz geflohenen Oppositionellen aus der Türkei brachten Erfahrung in politischer Widerstandsarbeit mit und zeigten bisweilen viel Zivilcourage und Selbstbewusstsein. Gegen die Schnellverfahren der 86er-Asylgesetzrevision – das so genannte Verfahren 88 – führten sie mehrere ausgedehnte Hungerstreiks durch. »Seit dem 25.1.1989 befinden sich über 50 KurdInnen und TürkInnen des Bundeslagers Gorgier im Hungerstreik«, heisst es auf einem Flugblatt des Asylkomitees Bern. »Mit dem Einsatz ihres Lebens protestieren sie gegen das von Arbenz und Kopp eingeführte beschleunigte Verfahren.« Mit demselben Flugblatt wurde auch zur Solidarität mit den Kirchen besetzenden Flüchtlingen in der Schlosskirche Interlaken aufgerufen, die ebenfalls dem Verfahren 88 unterstellt worden waren. Sie hatten in der Nacht auf den 31.1.1989 in der Kirche Zuflucht gesucht. Die Hungerstreiks dauerten bis in den Mai; Solidaritätshungerstreiks an anderen Orten wurden durchgeführt.[22]

Im April 1989 besetzten 50 Flüchtlinge aus dem Bundeszentrum in Klosters, die im März 1989 ihren Hungerstreik beendet hatten,[23] das Neumarkt-Theater in Zürich. Das Theater wurde polizeilich geräumt und vorübergehend geschlossen, was zu vehementen Protesten der Theaterleute führte: »Wir protestieren aufs Schärfste gegen das von Ihnen [Stadtpräsident Thomas Wagner, Anmerkung A.L.] verfügte und unter Androhung von Polizeigewalt durchgesetzte Verbot der Theatervorstellungen vom 12. und 13. April. Wir sind empört über diesen Willkürakt von Seiten der auf Rechtsstaatlichkeit verpflichteten Institutionen.« Das Basler Theater solidarisierte sich mit dem Neumarkt-Theater und seinen Besetzern: »Wir bestehen auf dem Theater als einem Ort der künstlerischen und politischen Freiheit.« Friedrich Dürrenmatt, Max Frisch, Peter Bichsel und Niklaus Meienberg solidarisierten sich ebenfalls mit den BesetzerInnen.[24] Mitte Mai 1989 bezogen die protestierenden Flüchtlinge Refugium im Haus der Gewerkschaften bei der Gewerkschaft Bau und Holz, GBH. Dabei erklärten sie: »Wir haben das GBH-Haus als zweites Refugium gewählt, weil wir wissen, dass die GBH gegen die Asylgesetzrevision von 1987 war und sie gegen das damit geschaffene Asylverfahren 88 Stellung bezogen hat. [...] Wir wollen darauf aufmerksam machen, dass auch wir zur arbeitenden Klasse gehören.«[25] Gleichzeitig führten gegen das Verfahren 88 protestierende Asylbewegte während des Basler Konzils im Münster, aus dem die Kirchenbewegung ›Gerechtigkeit Friede Bewahrung der Schöpfung‹ hervorging, rund um die Uhr eine Mahnwache durch.[26] Am 25. Mai 1989 besetzten 50 AsylbewerberInnen aus der Türkei die St.Fridolinskirche in Glarus, doch liess der Kirchenpräsident diese polizeilich räumen.[27] Mit etwas Verzögerung beerdigte der Flüchtlingsdelegierte das Verfahren 88 schliesslich – allerdings zu Gunsten eines neuen Schnellverfahrens, das, wie im nächsten Kapitel dargelegt, auf Nichteintretensentscheiden aufbaute.

Ein neoliberaler Missbrauchsbegriff

Am Ende des Ersten Weltkriegs entwickelte die Schweiz ihre Politik der »Überfremdungsabwehr, welche die Flüchtlingspolitik im Zweiten Weltkrieg geprägt und sich vor allem gegen die jüdischen und linken Flüchtlinge gerichtet hat. Diese Grundhaltung hat das EJPD nie wirklich revidiert. Diese Kontinuität unterscheidet die Schweiz von anderen Ländern.«[28]

Der Überfremdungsbegriff wurde mit der aufkommenden Aversion gegen Flüchtlinge mit dem Wortbild der ›Asylantenflut‹ überlagert. 1983 beschwor die Nationale Aktion die Gefahr, »durch Asiaten, Neger, Türken und Südamerikaner« überflutet zu werden.[29] Gleichzeitig entwickelten Behörden, Politiker und Medien das Schimpfwort ›Asylmissbrauch‹. In den *Blick*-Geschichten vom Winter 85/86 »missbrauchten« Flüchtlinge ihr »Gastrecht« für Gräueltaten: »Herointürke liebte zwei Schweizerinnen und zwölf Nebenfrauen«, »Betrunkener Asylant attackiert Urs Räbers Mutter«, »Asylant macht Goldgrube aus Sozialwohnung«, »Türke machte im Tierpark Sex mit Eselin«.[30] Die Behörden sahen in den Asylgesuchen ein erschlichenes Anwesenheitsrecht. Das Nonrefoulement-Gebot der Flüchtlingskonvention – das einzige Schutzrecht der Asylsuchenden – verbietet eine Ausweisung ohne Anhörung zu den Fluchtgründen. »In der überwiegenden Zahl der Asylbegehren muss indessen grundsätzlich festgestellt werden, dass mit unserem Asylrecht offensichtlich Missbrauch getrieben wird«, urteilte die Bundesanwaltschaft in einem Bericht vom 19. September 1984.[31] Missbrauchsverdacht richtete sich pauschal gegen alle Asylsuchenden, zumindest bis zu ihrem Gegenbeweis einer Asylanerkennung.

Der generelle Missbrauchsverdacht, ein Konstrukt neoliberaler Ideologie, richtete sich später gegen weitere gesellschaftlich Benachteiligte, die von ihren Rechten Gebrauch machten, wie die IV-Renten-, Arbeitslosengeld- und SozialhilfebezügerInnen. Von Armut und Gewalt betroffene Menschen wurden und werden mit dem Missbrauchsvorwurf zu Schmarotzern abgewertet – eine Abwertung, die mit der Anfechtung des Wohlfahrtsstaates und dem wirtschaftlichen Neoliberalismus einherging. Strukturelle Probleme werden seither häufig als persönliche Defizite deklariert. Hinzu kam, dass mit dem Zusammenbruch des kommunistischen Systems die Konkurrenz zwischen Ost und West um das bessere Wohlfahrtsmodell dahinfiel. Wohlfahrtseinrichtungen wurden als überflüssig erklärt und zunehmend abgebaut.

Dass die Schuldzuweisung durch angeblichen Missbrauch, die sich in den 80er Jahren gegen Asylsuchende, später auch gegen weitere Bevölkerungsgruppen in gesellschaftlich untergeordneten Positionen richtete, einem neuen ideologischen Grundzug entsprach, hat Christophe Tafelmacher bereits 1996 analysiert.[32] Die Asylbewegung versuchte, dem pauschalisierenden Missbrauchsverdacht mit der Präsentation von tragischen Einzelschicksalen entgegenzutreten. Die Medien zeigten an solchen Geschichten stets grosses Interesse. Allerdings entstand damit der Eindruck, dass nur diejenigen Menschen Grundrechte in Anspruch nehmen konnten, die als Opfer durch makelloses und konformes Verhalten die Zuerkennung dieser Rechte verdienten. Die neoliberale Ideologie hat das Konzept der Menschenrechte nachhaltig untergraben, bevor sich dieses in der Schweiz auch nur ansatzweise etablieren konnte.

Eine neue Abschreckungspolitik

Die offizielle Asylpolitik seit der Einführung des Asylgesetzes im Jahr 1981 folgte fünf Hauptlinien: Erstens der Senkung der Anzahl der Asylverfahren und Asylanerkennungen, zweitens der Beschleunigung der Asylverfahren, drittens der Erzwingung der Rückkehr der abgewiesenen Asylsuchenden durch Zwangsmassnahmen und andere Sanktionen, viertens der Verschlechterung der Existenzgrundlagen und fünftens der

Nichteingliederung von Asylsuchenden in die Gesellschaft. Asylsuchende durften in der Schweiz nicht Fuss fassen, damit man sie wieder wegschicken konnte. Insgesamt figurieren die fünf Verhärtungslinien nicht mehr unter dem Titel ›Überfremdungsabwehr‹ sondern als Abschreckungspolitik. In der Regel wurden seit den 90er Jahren die Umsetzungsvorschläge von der SVP vorgegeben. Daneben gab es mancherlei unpraktikable Vorschläge, die, kaum waren sie eingeführt, wieder fallen gelassen wurden, wie etwa die Grenztorregelungen oder die militärische Abwehr an der Grenze. Das hinderte Bundesparlamentarier nicht daran, solche gescheiterten Ideen immer wieder als Novum aufzugreifen.

Mit der zweiten Asylgesetzrevision wurden nicht nur die Sozialhilfeleistungen gesenkt und Sammelzentren eingeführt, sondern auch die Verfahren erheblich gestrafft und Druck auf die Asylsuchenden zur Vorweisung ihrer Reisedokumente ausgeübt. Neu war zudem, dass die Asylsuchenden nicht mehr von Bundesbeamten in Bern angehört wurden, sondern von den kantonalen Fremdenpolizeien. Neu war ferner, dass Hilfswerkvertreter bei der kantonalen Befragung dabei sein durften. Auch ich meldete mich als Hilfswerkvertreterin an, wurde aber nach einem Dutzend Anhörungen aufgrund des Drucks des Fremdenpolizeichefs wieder entlassen. Ich bekam nämlich Streit mit dem Befrager über die Art und Weise wie er Frauen befragte. Die kantonalen Befrager waren damals völlig überfordert mit ihrer neuen Aufgabe. Nach meiner Entlassung ging ich als Laien-Rechtsvertreterin an die Anhörungen.

Das umstrittene Verfahren 88 wurde nach der Volksabstimmung Mitte Oktober 1987 mit einer Änderung der Verordnung eingeführt. Es stand unter dem Motto ›Last in first out‹: Illegal eingereiste Asylsuchende sollten nach einer ›summarischen‹ Befragung in den neu eingerichteten Empfangsstellen speditiv nach zwei Wochen einen Asylentscheid, in der Regel einen negativen, erhalten und binnen drei bis vier Monaten die Schweiz verlassen. Beschwerden der im Verfahren 88 verwickelten Asylsuchenden wurden ebenfalls prioritär behandelt. Gegen dieses Verfahren erhob sich grosser Widerstand, wie die zuvor erwähnten Hungerstreiks der vorwiegend türkischen und kurdischen Asylsuchenden.

Damals wurde begonnen, die neu einreisenden Flüchtlinge in – oft unterirdischen – Sammelunterkünften unterzubringen. Ich verbrachte viel Zeit in der unterirdischen Anlage beim Gymnasium Bäumlihof, wo die Asylsuchenden in riesigen Schlafhallen mit Kajütenbetten in sehr schlechter Luft lebten. Übers Wochenende nahm ich bisweilen Familien in meine Wohnung. Die vom Staat angestellte Bunkerleiterin schickte mir die Entkräfteten zur Erholung, auch diejenigen, die von einer Ausschaffung bedroht waren, damit ich für sie eine Weiterreise organisiere.

Mit der zweiten Revision führten die Behörden auch eine absurde Regelung ein, die später, wie das Verfahren 88, wieder fallen gelassen wurde. Die Flüchtlinge sollten für ihre Einreise in die Schweiz 26 von den Behörden bezeichnete Grenztore benutzen und dort ihr Asylgesuch stellen. Nie vergesse ich den komischen Grenzübertritt eines jungen türkischen Paars, das später Asyl erhielt. Zur Absicherung hatte ich ihre politischen Urteile aus der Türkei vor ihrer Einreise ans Flüchtlingsamt geschickt. Ich holte die zwei dann auf der österreichischen Seite ab, wandte mich an den Schweizer Grenzbeamten und bedeutete ihm, dass die zwei um Asyl ersuchten. Der Beamte war völlig überrascht und überfordert. Eine Verständigung war nicht möglich, und ich musste als Dolmetscherin einspringen. Der Grenzbeamte holte ein paar dicke Ordner hervor, in denen er verzweifelt blätterte, um herauszufinden, was zu tun sei. Ich riet ihm dann, einen Beamten des Flüchtlingsamts anzurufen, der die Asylakten bereits von mir erhalten hatte. Der Grenzbeamte war sichtlich erleichtert, als der Bundesbeamte ihm beschied, die zwei könnten passieren. Ohne diese Vorkehrungen wären die beiden natürlich weggeschickt worden.

Aber es gab viele andere Verschärfungen in der 86er-Revision, die sich als äusserst nachhaltig erwiesen. Beispielsweise die Einführung einer kurzen Ausschaffungshaft, der Mitwirkungspflicht der Asylsuchenden sowie der Schnellverfahren.

Alle drei Massnahmen wurden in den folgenden Jahren massiv ausgebaut.

1 Maillard/Tafelmacher 1999, S. 32f.
2 Patenschaften in der Schweiz, Flüchtlingsinformation Dokumentationsstelle Gertrud Kurz, Bern, Nr. 1/87
3 CEDRI (Hg.), 1986.
4 EJPD: Revision des Asylgesetzes: Darstellung der diskutierten Varianten zur Regelung des Verfahrens an der Grenze und im Inland. Bern, 9.4.1986.
5 In der Region Basel bestand damals bereits eine recht grosse Exilgemeinschaft aus der Türkei. Firestone in Pratteln begann Anfang der 60er Jahre, viele Gastarbeiter aus der Türkei zu beschäftigen (aus dem Interview mit Jürg Meyer vom 10.3.2006).

6 Freiplatzaktion Basel 2005.
7 Reut 1996, S. 5–8.
8 Das *Sanctuary Movement* entstand zur Zeit der Reagan-Administration (ab 1981), als die US-Behörden begannen, den Flüchtlingen aus den südamerikanischen Militär-Diktaturen Schutz zu verweigern. In verschiedenen Gemeinden mehrerer Bundesstaaten erklärten sich mehr als 300 Kirchen und eine Anzahl von Synagogen bereit, den Flüchtlingen Schutz und materielle Unterstützung zu gewähren. Die presbyterianische Kirchgemeinde in Tucson hat 1982 2500 Flüchtlinge aufgenommen.
9 Müller u. a. (Hg.) 1986, S. 245ff.
10 Müller u. a, (Hg.) 1986, S. 247f.
11 Aus den Protokollen der AKS, im Archiv von Solidarité sans frontières.
12 Aus dem Protokoll der AKS vom 9.11.1988.
13 Aus dem Protokoll der AKS vom 25.1.1992.
14 Weber 1999.
15 Aus dem Protokoll der AKS vom 11.11.1991.
16 Aus dem Konzept zur Schaffung eines Sekretariats ›Asylkoordination Schweiz‹ vom Nov. 1991.
17 Buomberger 2004, S. 178f.
18 Le droit d'asile, assises européens à Lausanne, 16.2.1985.
19 Haydar Özlihan gehörte damals zur Gruppe Süd-Süd der BODS, in welcher mehrheitlich Personen ohne Schweizer Pass vertreten waren. Diese Gruppe stellte sich gegen die »Vorschläge für eine integrierte Aussen-, Asyl- und Einwanderungspolitik« der BODS vom März 1992, in denen eine »Trennung von Asyl- und Arbeitsmigration zum Schutze beider Bereiche« verlangt wurde. Vorgeschlagen wurde für ArbeitsmigrantInnen u.a. eine 6-monatige Aufenthaltsfrist, während der sie sich eine Arbeitsstelle suchen könnten. Wer keine Arbeit finde, müsse wieder gehen.
20 SonntagsZeitung, 1.8.1996: Der unerschrockene Prediger einer grenzenlosen Nächstenliebe.
21 Tages-Anzeiger, 21.2.2006: Unia, ein Opfer des eigenen Streikerfolgs?
22 Flugblatt aus dem Zentrum 5 in Bern vom Februar 1999 der TKP-ML, TDKP, Devrinci Yol und Bagimisizlar (Unabhängigen).
23 WOZ, 22.3.1989: Von Maras nach Klosters.
24 Basler Zeitung, 20.4.1989.
25 WOZ, 15.5.1989: Internationale Solidarität – ein leeres Wort?
26 Basler Zeitung, 15.5.1989.
27 WOZ, 26.5.1989: Flucht aus dem Glarnerland.
28 Interview mit dem Basler Historiker Simon Erlanger in Tachles, 23.12.2005.
29 Müller u.a. (Hg.) 1986, S. 169.
30 Müller u.a. (Hg.) 1986, S. 156.
31 Müller u.a. (Hg.) 1986, S. 171.
32 Siehe Tafelmacher 1996.

Einblendung drei
Experimentierfelder der Repression, oder: Konstruktion von Fremdheiten

Und 1968? War da auch nichts passiert?

Mit der Revolte von 1968 machten meist jüngere Schweizerinnen und Schweizer unübersehbar deutlich, dass sie sich eine ›andere Schweiz‹ vorstellten und vorstellen wollten als die vorhandene. Aber nicht nur das: Auch ein anderes gesellschaftliches Zusammenleben, andere Werte und Normen, eine andere Sexualität, eine andere Zivilgesellschaft, eine andere Welt, eine Welt ohne einen Krieg in Vietnam, ohne einen Schah in Persien, ohne Ausbeutung der Peripherie durch die Zentren des Kapitals, eine Welt ohne Denk-Tabus.

Offenbar war eine Unruhe in die Leute gefahren, ein Fieber, das in Frankreich, Deutschland, Italien, in den USA, aber auch in Prag ausgebrochen und manchenorts ziemlich schnell die Systeme bedrohende Dimensionen anzunehmen schien. Ein Fieber! So wurde versucht, das Ganze zu diffamieren.

Versuch einer autobiografischen Verortung

Ich, wir, viele in meinem damaligen Alter waren keine 68er, ohne uns deshalb als bourgeois zu fühlen. Ich, wir, viele meiner Generation fühlten sich nicht berufen, auf die Strasse zu gehen, und ich staunte gleichzeitig, wie Gleichaltrige unvermittelt als Platzhirsche der Revolte in Erscheinung traten. Natürlich hatten sie mit ihren Parolen in der Konfrontation mit den staatlichen Machtapparaten Recht. Ich, wir, viele hatten schliesslich auch Marx, Freud, Adorno, Marcuse und noch vorher Sartre gelesen und versucht, einiges, vieles davon in unseren sich eben etablierenden privaten Lebensformen[1], im Beruf, in sozialem und politischem Engagement, in der Familie zu realisieren. Meine beiden Kinder sind vor 1968 geboren; und dass das Politische und das Private mehr miteinander zu tun haben, als man meinte oder wahr haben wollte, war eine der Erkenntnisse der 68er, vielleicht die nachhaltigste, mindestens in Europa und den USA.

So weit, so gut – oder auch nicht! Wenn ich mich persönlich und das heisst subjektiv frage, was mir von 1968 geblieben ist, dann ist es Folgendes: Erstens, die *Möglichkeit*, anders zu leben als wie gehabt, mit weniger verinnerlichten Scheuklappen die Schweiz, die Welt kritisch wahrzunehmen, ist 1968 geschaffen worden, und zwar unumkehrbar. Anders gesagt, alle auf Veränderung ausgerichteten Bewegungen sind, auch wenn es sie vorher schon gab, insofern von 1968 geprägt worden, als sie mit einem zivilgesellschaftlichen Bewusstsein politisch einfordern, mindestens so sehr ›dazu zu gehören‹ wie das Etablierte. Alle Bewegungen dekonstruierten, wie man heute sagen würde, historisch-kritisch die verschiedensten Gründungs-Mythen der etablierten Geltungs-Mächte – von 1291 bis zur ›heiligen Kuh‹ Armee, von der ›humanitären‹ Schweiz bis zur sich selbst rechtfertigenden Igel-Stellung einer vorgeblich ewigen Neutralität, von der geheiligten Rollenteilung der Geschlechter bis zu einer patriarchalen Doppelmoral.[2]

Zweitens aber ist mir von 1968 eine eigenartige Dialektik, die bis heute nichts an Brisanz verloren hat, im Bewusstsein geblieben. Was mich während des Jahres 1968 intellektuell und emotional gleichermassen umtrieb, war der Protest auf den Strassen vom Mai in Paris bis zu den ›Globuskrawallen‹ in Zürich, der ›Prager Frühling‹ und die sowjetischen Panzer, und die Enzyklika eines Papstes, *humanae vitae* von Paul VI. Jedem Aufbruch schienen neue Strategien der Repression zu folgen, wobei Aufrüstung gegen einen ›inneren Feind‹ sich sowohl materiell als auch ideologisch für alle Zukunft rechtfertigte: Wehret den Anfängen, dann ist a) nichts passiert, und b) wird mit allen Mitteln garantiert, dass nie mehr etwas passieren wird. Ich weiss natürlich heute, dass der Mai 68 in Paris unmittelbar weder zu einem ›deutschen Herbst‹ noch zu ›anni di piombo‹ führte, dass sowjetische Panzer in Prag sich in keiner Weise mit von Polizisten geführten Wasserschläuchen und brutalen Knüppeleien im Keller des Globusprovisorium vergleichen lassen. Aber die Rechtfertigungslogik der Aufrüstung hatte man selbst in Zürich schnell gelernt; man muss bloss alte Filme über den Globuskrawall mit dem vergleichen, was an polizeilicher Gewalt knapp zwölf Jahre später gegen eine neue Generation von Rebellen aufgefahren werden konnte. Doch der Papst in Rom, der seinen Schäfchen im Bett mit Verboten, die schon lange nicht mehr griffen, etwas zu vermiesen versuchte, warum trieb mich der 1968 in die fast grössere Wut? Nur weil ich katholisch war und wusste, wie bis vor kurzem die Verbote aus Rom sehr wohl gegriffen hatten?[3] Der Enzyklika Pauls VI. war das 2. Vatikanische Konzil (1962–1965) vorangegangen, jener Aufbruch der katholischen Kirche, den diesem Gebilde niemand zugetraut hätte und der ohne die charismatische Vision von Johannes XXIII., dem Vorgänger Pauls VI., auch nie stattgefunden hätte. ›Aggiornamento‹ hiess das Wort des visionären Papstes, und in diesem Wort klang nicht nur so etwas wie Modernisierung eines verkrusteten Systems mit, sondern auch eine Bereitschaft, sich aufzuklären, es Tag werden zu lassen über sich selbst. Ich betone das scheinbar überproportional, weil ich der Meinung bin, dass gerade hierzulande in jenem Teil der Bevölkerung, der bei Nicht-Katholiken unter hundertjährigem Verdacht stand, letztlich konservativ und Rom im Innersten gehorsam zu sein, einiges in Bewegung kam. Paul VI. hatte nach dem Tod von Johannes das Konzil zu Ende geführt, und ausgerechnet er schlug nun mit *humanae vitae* zu, am privatesten Punkt der Laien, die während des Konzils gelernt hatten, für sich selbst zuständig zu sein.

Gerade das hatte wohl meine grenzenlose Wut ausgelöst. An sich konnte der in Rom sagen und schreiben, was er wollte, darum brauchte weder ich noch irgendein anderer Christ sich zu kümmern. Der Skandal – und es war ideologisch eine Art Muster-Skandal für alle Reaktion gegen Befreiung –, der Skandal bestand darin, dass da einer das Toupet hatte, einer Weltöffentlichkeit zu verkünden, ›wo Gott hockt‹. Das war die perfekte Gebärde der Macht, die keine Bataillone braucht, um einen Regress zu initiieren. Wie wirksam das war – in ganz anderen Bereichen als der Privatheit der ›Seelen‹ – , zeigt die Kirchengeschichte der letzten vierzig Jahre bis zum heutigen Papst, der, bevor er es jüngst wurde, eisern klar gemacht hatte, dass, immer noch schön antikommunistisch, Befreiungstheologie à la Lateinamerika, aber auch die Frauen insgesamt in dieser Kirche keine Stimme haben sollten. Das Zum-Schweigen-Bringen und Unter-Kontrolle-Halten ist der Kern jeder Repression.

Von einer Schnittstelle

»Was mich wissenschaftlich beschäftigt, ist der Zusammenhang zwischen der Lebensgeschichte der einzelnen Bürger und dem, was sie einander geschichtlich antun.« Das Zitat stammt von Peter Brückner.[4] In einer Arbeit aus dem Jahre 1980 spricht er von einem »Lagebewusstsein« und formuliert die ›Schnittstelle‹ noch einmal anders: »Ich kann mir Rechenschaft geben über den Zusammenhang meiner Lebensverhältnisse, meines ›Erwartungshorizonts‹ mit den Ordnungen und Tendenzen meiner Gesellschaft. Oder: Ich ahne, dass das Finden, das ›Herstellen‹ von Wahrheit und die Demokratisierung von Verhältnissen voneinander nicht unabhängig sind.«[5] Peter Brückner hielt denn auch schon früh fest, dass jede Rede vom ›Ende der Geschichte‹, von der Posthistoire, letztlich die Etablierung der Gewalt in den gesellschaftlichen Verhältnissen rechtfertige. Der politische Wille zur »Demokratisierung von Verhältnissen« kommt unausweichlich in Konflikt mit den hergestellten Wahrheiten, die über die Macht verfügen, sich für faktisch zu erklären – was heute möglichst total alles umfassen soll, mittels gewaltsam vereinheitlichenden Begriffen wie ›Markt‹ oder ›Standort‹, aber auch ›Flexibilität‹ und sogar ›Veränderung‹.

Peter Brückner war als kritischer Denker und Hochschullehrer in Deutschland praktisch mit einem Berufsverbot belegt, das erst kurz vor seinem Tod formal aufgehoben worden war. Interessant ist der Fall Brückner aber auch für die Schweiz. Brückner wurde wegen seiner Diskriminierung in der Bundesrepublik mit einem Einreiseverbot in die Schweiz belegt, das auch nicht aufgehoben wurde, als er aus medizinischen Gründen einen längeren Aufenthalt in der Schweiz unbedingt gebraucht hätte. Das im deutschen Herbst draussen gefällte Verdikt wurde von der Schweiz ebenso frag- wie gnadenlos übernommen.[6] Dabei war Peter Brückner alles andere als ein Terrorist, auch kein ›Sympathisant‹ des Terrorismus in Deutschland, aber einer, der es sich als Wissenschaftler nicht nehmen liess, die deutschen Verhältnisse zu analysieren. Da war die Schnittstelle zwischen dem aufklärerisch Einzelnen und dem, was man sich gerade wieder einmal geschichtlich antat, scharf geworden, im deutschen Herbst zunächst, aber sehr wohl auch in der Schweiz. Man war offenbar, was dann in der so genannten Fichen-Affäre aufflog, ebenso gründlich wie klammheimlich damit beschäftigt, die Bevölkerung vor gefährlichen Gedanken zu beschützen. Repression entsteht immer in irgendwelchen Köpfen, baut sich so weit zu Kontrollsystemen aus, dass man im ›Ernstfall‹, möglichst mit der Zustimmung einer schweigenden Mehrheit der Bevölkerung, zuschlagen könnte.

Es ist interessant, wie häufig und schnell bei Debatten um die Armee auf den buchstäblich schlagenden Begriff des Ernstfalls rekurriert wurde. Alles kann (und soll) für gewisse Kreise als Ernstfall drohen. Der Begriff des Ernstfalls (mindestens die repressive Idee dahinter) kann immer wieder zum angeblich realen Ernstfall aufgebläht werden. Aufblähen gehört zur populistischen Methodik. Die Jugendruhen von 1980 wurden sehr schnell als ideales Spiel- und Trainingsfeld wahrgenommen, um eindrücklich zu demonstrieren – man demonstrierte auch, man demonstrierte Macht –, wie man selbst mit solchen Bagatell-Ernstfällen umzugehen bereit war. Die seit 1968 aufgerüsteten Repressionsapparate, Wasserwerfer, Reizgase, Gummigeschosse, neue Kampf-Stiefel der Polizei und Uniformen, die das alte Bild vom Freund und Helfer verblassen liessen, beeindruckten die verunsicherten Bürger, die sich das alles anschauen und bis in ihre Wohnungen hinein oder in ihren Autos im Stau hören und riechen mussten, wesentlich mehr als die ›Chaoten‹, die ordentlich diszipliniert werden sollten.

»Mamma, in Zürich ist Krieg«

Am Abend des 30. Mai 1980 rief unser Sohn aus der Stadt an. Das Erste, was er sagte: »Mamma, in Zürich ist Krieg«.[7] Dem Telefonanruf war eine eigenartige Auseinandersetzung zwischen linken Eltern und ihrem von nun an militanten Sohn vorausgegangen. Unsere beiden Kinder hatten viel mitbekommen vom politischen Engagement ihrer Eltern, waren begeistert mit uns an Anti-AKW-Protestmärschen mitmarschiert, waren in zartem Alter bestens politisch informiert. Plötzlich schienen unsere Themen für unsern Sohn kein Thema mehr zu sein. Wir verstanden nicht, was er an *Rock als Revolte*, an den Konzerten auf der Allmend, so spannend fand. Wahrscheinlich waren wir ein wenig enttäuscht, vor allem blind gegenüber dem, was für uns alte Linke mit einer Plötzlichkeit sich kundtat, die wir nicht erwartet hatten. Wir hatten als Lehrer an der Zürcher Kantonsschule sehr wohl mit Jugendlichen zu tun, fanden unsere Arbeit langsam zermürbend, und zwar gerade nicht, weil wir es mit besonders aufmüpfigen Schülerinnen und Schülern in unsern Klassen zu tun hatten. Das Gegenteil schien zutreffender: Die kamen uns viel abgelöschter vor als die Jungen, mit denen wir es – nach 68 – in den frühen 70er Jahren zu tun gehabt hatten. Hörten die, die wir jetzt vor uns hatten, überhaupt noch zu? Widerspruch, Widerstand gab es von denen anscheinend kaum mehr. Die hingen lieber rum mit ihrer Musik, von der wir fahrlässig wenig Ahnung hatten.

Die Chaoten, an denen sich der Ernstfall demonstrativ proben liess

Wenn man den ersten Monat der 80er-Unruhen in Zürich analysiert, versteht man, was und wie da gespielt wurde, und was, nach Meinung der Stadt, auf dem Spiel stand. Die rebellierenden Jugendlichen (aus unterschiedlichsten Schichten) verstanden sich überhaupt nicht als Ernstfall, allerdings auch nicht als ungezogene Junge, schon eher als »traurige Clowns«[8], die einem etablierten Kultur- und Bildungspublikum, wenn es aus dem Opernhaus trat, lautstark vorhielten, dass sie autonom ihre eigene Kultur besassen und sich nicht mit gut gemeinten Brosamen vom Gesamtkuchen abspeisen liessen. Die Konfrontation eskalierte schon in der ersten Nacht zum ›Krieg‹ in der schönen Stadt. Später hiess ein Slogan des *Vereins betroffener Eltern* »Ohne Polizei kein Krawall«.[9] Man konnte es so sehen, und wir, meine Frau und ich, sahen es als Gründungsmitglieder des Vereins so. Aus einiger Distanz stelle ich heute fest, dass es Einsatz-Planungen für jeden möglichen Ernstfall und erst noch erstaunlich professionelle gab. Das ist keine Verschwörungstheorie. Natürlich hatte man nicht mit dieser Unruhe gerechnet. Das zeigte sich in der Irritation, die selbst einer erprobten politischen Kämpferin wie Stadträtin Emilie Lieberherr widerfuhr, als sie zusammen mit Stadtpräsident Sigmund Widmer eine VV der Bewegung besuchte.[10] Die Stadtregierung war bereit, schien es wenigstens zu sein, auf die Forderungen der ›Bewegig‹ nach autonomem Kulturraum einzutreten, stellte aber zwei formale Bedingungen: erstens ein Bekenntnis zum Gewaltverzicht, zweitens wollte sie nur mit einer Delegation verhandeln. Die Vorschläge der Regierung entsprachen ihrer Verhandlungslogik, schienen als Vorgabe für Gespräche plausibel zu sein. Genau diese Vorgaben akzeptierte die VV nicht. Sie liess sich nicht auf eine Spaltung ein. Gesprächspartnerin konnte nach ihrem Selbstverständnis nur die Vollversammlung sein. Die Bewegung machte klar, dass ihre Vorstellung von Autonomie nicht kompatibel war mit den Vorgaben der Stadtregierung. Das blieb der Grundkonflikt während der ganzen Unruhe. Die ›Bewegten‹ bestanden darauf, dass schon beim Aushandeln der Bedingungen der Möglichkeit von Gesprächen die Autonomie nicht übergangen werden durfte.[11] Die jugendlichen Rebellen wollten Freiräume für ihre kulturelle Autonomie. Die Gegenseite war nie bereit, so etwas zu akzeptieren, weil für sie solche Freiräume rechtsfreie Räume waren. Es ist im Nachhinein interessant, dass der Konflikt der 80er-Unruhen sich von Beginn weg anders manifestierte als 1968. Die »traurigen Clowns« wollten nicht in erster Linie die Gesellschaft verändern[12], sehr wohl aber – und zwar »subito« – Räume für sich, die von keiner staatlichen Vorgabe konditioniert waren. Die Bewegten wollten sich in einem oder mehreren AJZs[13] selbst organisieren und taten dies tatsächlich, wie chaotisch auch immer von aussen gesehen. Sie blieben angesichts der etablierten Ordnung Chaoten.[14] Sie erschienen für die Mehrheit der Bevölkerung der Stadt auch mit ihren kreativen Manifestationen nicht bloss befremdlich, sondern hatten sich selbst zu Fremden im wohl geordneten Staatswesen von Zürich gemacht.

Die nächsthöhere staatliche Instanz, der Erziehungsdirektor des Kantons, Alfred Gilgen, hatte sogleich signalisiert, dass es hier noch um ganz anderes ging. Studenten des ethnologischen Instituts der Universität hatten wissenschaftliches Interesse am Opernhaus-Krawall gefunden, dieses Interesse filmisch dokumentiert und das Material den Betroffenen zur Verfügung gestellt, was wissenschaftlicher Methodik der Ethnologie keineswegs widersprach. Die Regierung befand, dass so etwas nicht geschehen durfte, hatte es als politischen Missbrauch wissenschaftlichen Materials diskriminiert und damit klar gemacht, dass selbst wissenschaftliche Autonomie von der Staatsräson in keinem Fall geduldet werden könne. Gilgen wusste präzis, was er damit tat: Im Staat sollte überhaupt keine Autonomie fremd gehen können. Das war von einer kontrollierenden Konsequenz, die die Stadt erst noch lernen sollte. Damit hatte ein nahezu spontan ausgebrochener Konflikt die Dignität des Ernstfalls erhalten, war nahezu zum Kasus der Nation geworden. Und die Stadt lernte schnell den Ernst der Lage, nahm Rädelsführer, die offenbar neuen Krawall im Schilde führten, in Beugehaft und schaffte so die Umwandlung einer Protestversammlung auf einem öffentlichen Platz in einen grossen Demonstrationszug, an dem nicht bloss Chaoten teilnahmen.

Die Begegnung dieses Protestzuges mit der geballten Polizeigewalt auf der Quaibrücke war zum ersten Mal wirklich bedrohlich. Eine Katastrophe wurde nur abgewendet durch die richtige Einschätzung des Einsatzleiters der Polizei, dass es bei einer Konfrontation Tote geben könnte. War der damalige Kommandant etwa selbst schon infiziert von Anarchie, könnte man sich fragen, fragten sich einige Stadtmagnaten ziemlich sicher.[15] Aber die erste Gross-Demo der Zürcher Unruhe verlief friedlich und hätte zeigen können, dass Ernstfall nicht sein müsste. Als vor der angekündigten Demo vor das geschlossene AJZ an Weihnachten 1980 etwa zwanzig bekannte Persönlichkeiten eine Unterredung mit dem Stadtpräsidenten gefordert hatten, wurde der mehrmals um eine verbindliche Antwort auf die Frage gebeten, ob der Stadtrat für den Fall einer plötzlich auftretenden Extremsituation ein sinnvolles Dispositiv erarbeitet habe. Der Stadtpräsident wich aus – und liess etwa 10'000 Menschen, in der Mehrzahl durchaus keine Chaoten, in die schlimmste Auseinandersetzung laufen, die Zürich seit Jahren erlebt hatte. Spätestens von diesem Zeitpunkt an war klar, dass die Repression letztlich Recht behalten würde. Anders gesagt: Das Experimentierfeld hatte sich bewährt. Man musste keine Linken mehr ohne Retourbillet nach Moskau wünschen. Eigentlich liess sich der Feind überall auftreiben, wenn man einen brauchte, und er wurde in jedem Fall erneut zum Fremden gemacht, den oder das es abzuwehren galt.

Nachtrag zur Brücknerschen Schnittstelle

Meine Frau Astrid hatte bei der erwähnten Vorsprache beim Stadtpräsidenten diesem gesagt, sie habe nicht während Jahren Kinder verantwortungsbewusst grossgezogen, damit sie nun von der Ordnungsmacht zusammengeschlagen würden. Genau dies war die Schnittstelle, die nicht nur uns, sondern sehr viele ›betroffene Eltern‹ betraf. Der in bedrohlicher Situation spontan gegründete Verein durchlief eine erstaunliche Entwicklung. Es gab erste Versammlungen, dann eine Tagung auf Boldern, dem Tagungszentrum der evangelischen Landeskirche Zürichs. Es entwickelte sich sehr schnell eine engagierte Diskussion, in der vor allem aufgebrachte Väter zuerst einmal ihre geballte Wut über ihre missratenen Sprösslinge loswerden konnten. Die Mehrzahl der im schnell wachsenden *Verein* sich Engagierenden waren alles andere als Chaoten, die bereit gewesen wären, sich in nachgeholter Jugendlichkeit mit der Unruhe, ihren Slogans, ihrem Stil, ihrer Kreativität, zu identifizieren. Diese Eltern waren in der Mehrzahl auch keine strammen Linken, die allerwenigsten Alt-68er. Sie waren auch nicht einfach ›besorgt‹, sie waren ›betroffen‹.[16] Sie waren als BürgerInnen der Stadt betroffen durch die sich immer erschreckender zeigende Methodik der Repression diesen Jugendlichen gegenüber. Als Folge zogen an den grössten Demonstrationen, vor allem der vom 24. Dezember 1980, mehr ›Betroffene‹ als ›Bewegte‹ unbewilligt durch Zürichs Strassen. Sie standen dann im selben Tränengas wie die Jungen. Der ziemlich traurige Spruch der Bewegten *Wir haben Grund genug zum Weinen auch ohne euer Tränengas* war auch für die Betroffenen zu einer, wenn auch anderen, Erfahrung geworden. Der *Verein betroffener Eltern* legte schliesslich die einzige umfängliche und dokumentierte Studie über gesundheitliche Schädigungen von Jugendlichen durch die Polizeieinsätze vor, die weit über Zürich und die Landesgrenzen hinaus zur Kenntnis genommen wurde. Verändert hat sie allerdings wenig. Wir scheinen uns in der Zwischenzeit alle mit ›Kollateralschäden‹ bei Polizeieinsätzen abgefunden zu haben, so dass man lieber versucht, nicht zufällig in eine solche Situation zu geraten. Es gibt allerdings immer wieder Gruppen, die es sich nicht nehmen lassen, über Gewalt-Aufrüstung unter dem Signet Gewaltmonopol des Staates regelmässig und kompetent zu informieren.[17] Sie werden umso bedeutsamer für eine Zivilgesellschaft, nicht nur die schweizerische, als ›Objekte‹ für Einsätze zur Sicherung der Sicherheit bei jedem Krisensymptom nahezu beliebig gefunden und erfunden werden können – nicht nur hierzulande.

Aus einer gewissen Distanz gesehen

Natürlich kann man, mit einer gewissen Berechtigung, anmerken, gemessen an dem, was in der Welt geschieht, seien die 80er-Unruhen in der sonst so behüteten Schweiz höchstens ein Sturm im Wasserglas oder ein Gewitterchen unter einer immer noch recht gut funktionierenden Käseglocke gewesen.

Das mag stimmen, vor allem wenn man bedenkt, dass die helvetische Käseglocke in der Zwischenzeit bestens in eine Festung Europa integriert ist, ohne sich gänzlich abschaffen zu müssen.

Interessanter als solche helvetische Selbstbescheidung ist allerdings dreierlei. Erstens: Kaum ein Ereignis ist so umfangreich publizistisch dokumentiert worden wie die 80er-Unruhen.[18] Dazu trug die Bewegung mit ihren eigenen Manifestationen, ihren beiden Zeitungen, mit Filmen (wie *Züri brännt*), mit ihren Auftritten in den Medien usw. Entscheidendes bei; vieles, was sich medial in der schweizerischen Öffentlichkeit verändert hat, hat Impulse aus den Kreationen der Bewegung bezogen. Zweitens: Es waren die Unruhen und die Folgen, die nach ihrer Entsorgung sichtbar wurden, vor allem das Drogenelend und seine Bewältigung, die europaweit mit Erstaunen zur Kenntnis genommen wurden. Drittens aber und viel weniger offensichtlich ist Folgendes: Mit 1980 und seinen Spätfolgen kündigt sich eine eigenartige Widersprüchlichkeit, eine Dialektik der Wahrnehmung noch deutlicher als in den 70er Jahren an, die bis heute nicht aufgehört hat, virulenter zu werden. Einerseits akzeptieren grosse Teile der Bevölkerung staatliche Gewalteinsätze nicht in jedem Fall unhinterfragt. Andererseits löst genau diese Veränderung der Wahrnehmung in anderen Teilen der Bevölkerung immer wieder eine so grosse Verunsicherung aus, dass die Bereitschaft, mit dem staatlich wild gewordenen Wolf zu heulen, sich lautstark manifestiert und zur Selbstjustiz am Bedrohlich-Fremden gerechtfertigt und genötigt sieht. Gerade solche bürgerwehrhafte Reaktion wurde 1980 zum ersten Mal seit den 30er Jahren sichtbar. Später werden dann Asylunterkünfte brennen, und noch später wird auf dem Rütli alle Zivilität unserer Gesellschaft niederzuschreien versucht. Auch in dieser Hinsicht erweisen sich aus gewisser Distanz die 80er Jahre als Experimentierfeld für vieles relevant.

Die Rolle der Intellektuellen

Es gehört auch zur Schweiz, dass man gegenüber der Bezeichnung ›Intellektuelle‹ ein gewisses Misstrauen hegt. Es gibt Doktoren, Ingenieure, Lehrer, Journalisten, Schriftsteller, Dichter, allenfalls Akademiker, da wusste man, woran man mit denen ist, konnte sich vorstellen, was die machen, und man hatte sich mit der Zeit sogar daran gewöhnt, dass unter diesen vertrauten Bezeichnungen immer häufiger Frauen anzutreffen sind. Aber die Intellektuellen? Woran man mit denen ist, war schwer zu sagen; wirkten unter dem Etikett nicht allzu oft subversive Fremdkörper (im Volkskörper), die schwer zu kontrollieren sind?

Wie dem auch sei, es gibt sie auch in der Schweiz, und seit sich selbst am rechten Rand des politischen Spektrums gewisse politisch und publizistisch aktive Leute nicht scheuen, sich als Intellektuelle[19] zu outen, kann man ja beruhigt sein.

Nun besteht die Hauptfunktion aller linker Intellektueller in der Kritik an Zuständen im Staat, an historischen Entwicklungen, an Strukturen und anderem mehr, die sich selbst öffentlich machen will, die sich prinzipiell herausnimmt, diese Funktion auch ausüben zu können, ohne gleich fichiert zu werden. Die Frage bliebe höchstens, wer wen fichieren kann.

In diesem Sinne waren und sind Historiker in diesem Land immer auch kritische Intellektuelle. Das ist eine Tradition der modernen Schweiz seit ihren Gründungsjahren, eine ihrer besten, und hin und wieder ist selbst die Staatsräson nicht ganz unfroh, wenn die Arbeit der Historiker dem Staat, unter dem Druck öffentlicher und veröffentlichter Meinung von aussen über unser Land, aus der Bredouille helfen kann. Eines ist sicher, es ist ein Verdienst der Geschichtsschreibung in diesem Land, dass grosse Teile der Bevölkerung nicht mehr bereit sind, verbreitete Mythen unbesehen zu übernehmen.

Und die Schriftsteller, um ein anderes Segment der Intellektuellen ins Auge zu fassen? Die Entstehungsgeschichte der *Gruppe Olten* und ihre Etablierung im Kulturbetrieb der Schweiz ist eine interessante, sehr schweizerische Sonder-Geschichte.[20] Hier nur wenige Hinweise. Erstens. Die Gruppe Olten entstand als politischer Protest gegen eine Kungelei von Kulturschaffenden mit der Staatsräson. Ein Autor und Präsident des Schweizerischen Schriftstellervereins hatte sich hergegeben, ein Antisubversiven-Machwerk des Staates gegen den supponierten ›inneren Feind‹, die Aussagen des deutschen Originals noch verschärfend, ins Französische zu übersetzen. Bei so etwas wollte eine Reihe bekannter Autorinnen und Autoren nicht mehr dabei sein. Zweitens. Die neue Gruppierung, die sich sehr schnell zu einem Parallelverband entwickelte, bekannte sich programmatisch in ihren Statuten zu einer ›anderen Schweiz‹, einer Schweiz des »demokratischen Sozialismus«. Drittens. Die Formulierungen des so genannten Zweckartikels entsprachen in den frühen 70er Jahren einer dezidierten Haltung der Kritik, des Widerspruchs, des Widerstands gegen eine schon in den 70er Jahren aus dem Ruder laufende Überwachungsmentalität des Staates. Wörter wie ›Sozialismus‹ wurden von (sensiblen) Schriftstellerseelen mit der Zeit sowohl als zu plakativ und ›ideologisch‹ als auch politisch zu einengend empfunden; und so entstand in der *Gruppe Olten* ein jahrelang dauernder Streit um den Zweckartikel. Dahinter stand die eh unlösbare, aber für alle literarisch Schreibenden offenbar existenzielle Frage: *à quoi bon la littérature*. Viertens aber kann festgehalten werden, dass die Autorinnen und Autoren, und immer mehr nicht nur die der *Gruppe Olten*, einzeln oder als Verband, bereit blieben, bei konkreten gesellschaftspolitischen Konflikten sich zu engagieren. Die *Gruppe Olten* war, über ihre berufspolitischen Anliegen hinaus, traditionell mit widerständigen zivilgesellschaftlichen Bewegungen solidarisch, zum Beispiel punktuell bei den Zürcher Unruhen oder immer wieder mit den Gruppierungen, die gegen die dauernden Verschärfungen im Asyl-

und Migrationsbereich kämpften. Mit wachsamer Skepsis hoffe ich, selbst Autor, dass wenigstens diese politische Ausrichtung nicht gänzlich untergeht im Literaturbetrieb.

1 Man müsste genauer untersuchen, ob nicht auch eine Idee wie die vom Marsch durch die Institutionen in diesem historischen Ort hat entstehen können oder müssen.

2 Dazu gehört für mich für die Schweiz zentral, dass die verschiedensten Bewegtheiten sich gezielt der Möglichkeiten der direkten Demokratie mit Initiativen und Referenden bedienten und damit unübersehbar machten, dass und wie in diesem Land mit Veränderungspotenzialen zu rechnen ist. Dabei ist eine Abstimmungsniederlage nicht unbedingt verpuffte Kraft, wie etwa die Initiative der GSoA eindrücklich zeigte; mit so viel Zustimmung hatte man nicht gerechnet, mit so viel Zustimmung musste man aber offenbar auch in Zukunft rechnen. Gerade in der Asyl- und Migrationsbewegung wurde die Frage über Sinn und Unsinn von Referenden immer wieder sehr kontrovers diskutiert.

3 Ich war im Sommer 1968 in Frankreich, nicht in Paris, sondern in der Provinz bei einer traditionellen bürgerlichen Gross-Familie, mit der wir menschlich und freundschaftlich sehr verbunden waren. Wir konnten es nicht begreifen, dass alle ohne Ausnahme sich hinter diesen Papst und seine Enzyklika stellten – ausser einem älteren Priester, der meine Wut nicht nur verstand, sondern sie teilte.

4 Peter Brückner (1922–1982), einer der bedeutendsten politischen Denker Deutschlands während der 70er und frühen 80er Jahre, Professor

in Hannover, suspendiert in den Auseinandersetzungen mit der staatlichen Repression im deutschen Herbst. Gegenwärtig kaum mehr zur Kenntnis genommen, obwohl seine denkerischen Ansätze heute relevanter sein könnten und sollten als damals.

5 Brückner 1984, S. 105.

6 Die nachhaltige Wirkung von Verdikten erfuhr ich persönlich auf nahezu groteske Weise. Ich hatte nach dem Tod Brückners einen grösseren Essay über sein Werk geschrieben und ihn dem Zürcher *Tages-Anzeiger*, für den ich damals regelmässig grössere Artikel schrieb, angeboten. Der damalige Kulturchef meinte, das Thema Brückner sei für die Schweiz wohl doch zu abseitig. Als ich ihn darauf aufmerksam machte, dass Brückner ein Einreiseverbot in unser Land gehabt habe, meinte der Redaktor, das seien alte Geschichten. Mein Essay erschien dann in der *WochenZeitung*.

7 Die *WochenZeitung* veröffentlichte am 13.4.2000 eine Chronologie der Ereignisse 1979–1991 in Zürich (www.woz.ch/archiv).

8 Die Metapher geht zurück auf die bekannten Psychoanalytiker Goldi und Paul Parin. Sie formuliert sehr genau die Wahrnehmung von Zeichen gesellschaftlicher Brüche, die man glaubte unter dem Deckel halten zu können.

9 Der Zürich-Kenner Günter Amendt hatte ebenso treffsicher wie erstaunt den Begriff »leichte Krawallerie« geprägt. Er staunte offensichtlich darüber, wie man in dieser Stadt mit so etwas umging.

10 Es war beklemmend zu sehen, wie sehr diese Magistratin, die doch Verständnis für die Jugend der Stadt haben wollte, das Zentrale dieser Revolte nicht verstand. Sie tat mir im tobenden Saal nahezu Leid. Ich habe gute Gründe, auch im Nachhinein anzunehmen, dass im Gegensatz zu ihr Widmer gar nichts verstehen wollte.

11 Die Gewaltfrage war für die Bewegung eine Nebenfrage, weil seit Beginn der Unruhen, und zwar sofort, Gewalt auf beiden Seiten eingesetzt worden war.

12 ›d'Bewegig‹ war wohl die am wenigsten von irgendeiner Ideologie geprägte Revolte, die sich je manifestiert hatte; gerade deshalb scheiterten fast alle Vereinnahmungsversuche durch seit 1968 im Staat etablierte politische Organisationen an grundsätzlichen Missverständnissen. »Wer hat uns verraten? Die Sozialdemokraten. Wer verrät uns noch? Die POCH«, skandierte die Bewegung und liess weitere Verräter folgen, um mit dem Schlussvers zu enden: »Wer verrät uns nie? Die Anarchie«!

13 AJZ war die Abkürzung für Autonomes Jugend Zentrum. Der Begriff hat sich eingeprägt bis heute, obwohl das A immer wieder tunlichst eliminiert werden soll.

14 Es war, mindestens während des kreativen Beginns der Unruhen, atemberaubend, wie die Bewegten den Ball zurückspielten. Als das AJZ wieder mal geschlossen war, schufen sie im öffentlichen Raum mehrere »Chaotikon«, eines in unmittelbarer Nähe des Gebäudes, das von der

Stadt immer wieder als Jugendzentrum in Aussicht gestellt worden war. Chaotikon war bewusst für die Öffentlichkeit über der Sihl (am späteren berüchtigten Platzspitz) gebaut worden. Männiglich sollte schauen können, wie die Chaoten lebten und hausten. Interessant ist in diesem Zusammenhang auch, dass die Chaoten praktisch nie oder selten als Linke verschrien wurden, was sie ja auch nicht einfach sein wollten.

15 Ich hatte bald nach dem Vorfall auf der Quaibrücke eine Auseinandersetzung mit einem linken Stadtrat, den ich vom Studium her gut kannte und der einer der härtesten Bekämpfer der Unruhen geworden war. Ich machte ihn in einem Telefonat darauf aufmerksam, dass seine Tochter an vorderster Front bei den Demos mitmachte. Ich fragte ihn direkt, ob er denn nicht Angst habe, dass seine Tochter bei den immer härter werdenden Auseinandersetzungen auf Zürichs Strassen zu Schaden kommen könnte. Seine Antwort erstaunte mich und entsetzt mich bis heute. Er sagte mir wörtlich: Wenn du ein Kind hättest, das Extrem-Kletterei betriebe, bestünde genau das gleiche Risiko, es zu verlieren.

16 Bei der Gründung des Vereins wurde die Formulierung »besorgte Eltern« sofort verworfen. Man wollte kein sich mit Jugendlichkeit identifizierender Fan-Club sein. Auch der fast gleichzeitig gegründete *Verein pro AJZ* war das nicht, sah allerdings in neuen Orten, und zwar nicht für die, sondern der Jugendlichen, eine sinnvolle Möglichkeit für eine zivile Gesellschaft. Es gab nicht wenige Erwachsene, nicht bloss Eltern, die sich in beiden Vereinen engagierten. Die Slogans dieser Vereine unterschieden sich signifikant von den kreativen der Bewegung, stellten in der Unruhe-Situation Dinge fest, denen ordnungspolitisch nur schwer widersprochen werden konnte: »Unsere Jugend – unsere Zukunft« war eine solche Feststellung, und »Ohne Polizei kein Krawall« bewahrheitete sich immer wieder von neuem.

17 Eine dieser Gruppen ziviler Wachsamkeit hat den ebenso schönen wie präzisen Namen *augenauf!*

18 Ich habe selbst einiges dazu beigetragen. Mein Schriftsteller-Kollege Jürgmeier und ich, die wir beide schon einiges zur Unruhe veröffentlich hatten, waren einigermassen erstaunt, dass der Rowohlt-Verlag Hamburg von uns eine Darstellung der Zürcher Ereignisse für deutsche jugendliche LeserInnen haben wollte. *Paranoia City oder Zürich ist überall* hiess der Titel des in hoher Auflage veröffentlichten und in wenigen Monaten vergriffenen Buches.

19 SVP-Nationalrat Christoph Mörgeli hat für sich und seinesgleichen mehrmals in Anspruch genommen, heute die Rolle übernommen zu haben, die 1968 die Linken für sich beansprucht hatten, fälschlicherweise, versteht sich, für den Jungtürken einer Partei, die explizit behauptet, für das Volk einzustehen. Solche Debatten hatte man andernorts, etwa in Frankreich oder auch in Deutschland, schon vor einiger Zeit hinter sich.

20 Bestens dokumentiert in Schmid/Roth-Hunkeler (Hg.) 2003.

Kapitel drei
Gewalt gegen Asylsuchende – die Zwangsmassnahmen von 1994

Asylsuchende und Asylbewegte erlebten die 90er Jahre als eine Zeit brachialer und brutaler Gewalt. Die Meldungen über Attentate auf Asylsuchende und Asylunterkünfte häuften sich Anfang der 90er Jahre. Die Behörden andererseits betonten die steigende Kriminalität von Asylsuchenden und bereiteten die Zwangsmassnahmen vor, die 1994 von der Schweizer Bevölkerung gutgeheissen wurden. Bereits 1990 verabschiedete das Bundesparlament eine dritte Teilrevision des Asylgesetzes. Die Asylbewegung war sich zwar einig über die daraus entstehenden Erschwernisse für Asylsuchende, konnte sich aber über die Frage, ob das Referendum zu ergreifen sei, nicht einigen.

Eigentlich hatte das Jahrzehnt nach dem Fall der Berliner Mauer hoffnungsvoll begonnen. Die Absetzung der FDP-Bundesrätin Elisabeth Kopp im Jahr 1989 weckte in der Asylbewegung Hoffnung auf einen weniger rigiden Asylkurs. Doch CVP-Bundesrat Arnold Koller fügte sich ebenfalls dem Druck von Rechtsaussen und scharte die CVP mehr oder weniger geschlossen hinter sich – am Anfang auch eine SP-Mehrheit. Einige unerschrockene Parlamentarierinnen wie Angeline Fankhauser (SP) setzten sich jedoch mit ganzer Kraft für die Rechte von Asylsuchenden – und später von Sans-papiers – ein.

Die 90er Jahre waren auch das Jahrzehnt der Bürgerkriegs- oder Gewaltflüchtlinge. Der Bosnien-Krieg und der Kosovo-Krieg hatten die Balkanregion mit Zerstörung, ethnischer Säuberung und Tod überzogen. Es waren mehrheitlich Frauen und Kinder aus dieser Region, die in Westeuropa Zuflucht suchten.

Gewalt gegen Asylsuchende

Um die Jahreswende 89/90 verging kaum eine Woche ohne Schlagzeilen über die Eskalation der Gewalt gegen Asylsuchende.

- 4.11.89: »Rassisten randalierten – Polizei schaut zu«. Etwa 30 Mitglieder der Patriotischen Front dringen ins Asylbewerberheim Hinterberg in Steinhausen ZG ein.
- 4.11.89: »Neonazis: Angriff auf einen Tamilen«. Am gleichen Nachmittag kommt es zu einem Angriff auf einen Tamilen auf dem Parkplatz des Einkaufszentrums Zugerland.
- 26.11.89: »Empörung und Entsetzen über Tat von Freiburg«: Ein Kurde wird ermordet.
- 23.12.89: »Wieder Brand in Asylbewerberheim«. Das Flüchtlingsheim in Les Avants VD brennt in der Nacht. Mehrere Personen werden verletzt.
- 27.12.89: »Asylbewerber zusammengeschlagen«. Ein in Rapperswil wohnhafter Asylbewerber aus Ghana wird nachts auf dem Heimweg von vier Männern zusammengeschlagen.
- 30.12.89: »Erneut Asylantenheim niedergebrannt«. Das Asylheim in Bassersdorf brennt nieder, wobei sich die dort einquartierten Tamilen retten können.
- 14.1.90: »Ein Chilene brutal zusammengeschlagen«: Ein chilenischer Flüchtling wird in der Innerstadt von Fribourg von Unbekannten niedergeschlagen.
- 27.1.90: »Wieder Asylbewerber zusammengeschlagen«. Zum zweiten Mal innerhalb weniger Wochen werden in Rapperswil Asylsuchende von Schweizern attackiert.[1]

Gut drei Jahre lang reihte sich ein fremdenfeindliches Attentat ans andere. Am 13. März 1992 schlossen sich 29 Organisationen gegen den Fremdenhass in der Schweiz zusammen und gründeten das *Forum gegen Rassismus.*[2]

Eher selten verurteilte der Bundesrat die »Ausschreitungen von Rechtsextremisten«.[3] Die Asylbehörden klagten über Unterbringungsprobleme und manifestierten Abwehrhaltung. Mit den Flüchtlingszahlen – die Anzahl der Asylgesuche stieg im Jahr 1989 auf 24'400 und die Anerkennungsquote sank auf 4,9%[4] – versuchte man die Flüchtlingslobby in die Defensive zu drängen.

Die Schreckensmeldungen über Attentate auf Asylsuchende wurden durch andere ergänzt: AktivistInnen machten immer wieder Folterungen an zurückgeschafften Asylsuchenden bekannt. Asylbewegte versuchten zuweilen, das Schicksal ihrer ausgewiesenen MandantInnen im Heimatland zu verfolgen, was mitunter nur mit Reisen ins dortige Land gelang. Im Januar 1990 meldete die Asylkoordination Schweiz, dass sechs aus Basel ausgeschaffte Asylsuchende in der Türkei verhaftet worden seien. Im Februar 1990 gab das ›Empfangsbüro‹ in Ponte Chiasso bekannt, dass ein in die Türkei ausgeschaffter Asylbewerber an den Folgen von Folter gestorben sei. Am 22. Februar 1990 versuchte sich ein Asylsuchender aus der Türkei selbst zu verbrennen, und am 20. März 1990 tötete sich im Flughafen Genf-Cointrin ein Asylbewerber bei einer Zwischenlandung auf der Rückreise nach Ägypten. Die häufigen Suizidversuche und Suizide von abgewiesenen Asylsuchenden zeigten die ohnmächtige Angst vor einer Auslieferung.

Die Asylbewegten nahmen grossen Anteil an der politischen Entwicklung in den Herkunftsländern der von ihnen begleiteten Flüchtlinge. Es gab immer wieder Delegationen, die an politischen Gerichtsprozessen teilnahmen oder für andere Beobachtermissionen dorthin reisten. Verschiedene Asylbewegte gaben regelmässige Zeitschriften zur politischen Lage in der Türkei, in Sri Lanka und in anderen Flüchtlings-Herkunftsländern heraus.[5] Über die Fluchthintergründe war man in der Asylbewegung bestens informiert. Manche AktivistInnen suchten die zerstörten Dörfer ihrer MandantInnen auf, fotografierten und schrieben Augenzeugenberichte.

Auch ich bereiste aus ähnlichen Gründen die Türkei. Dabei erhielt ich einmal den Auftrag des Asylkomitees Basel, die Ankunft eines ausgeschafften Kurden im Flughafen von Istanbul zu beobachten, als ich mich gerade in der Stadt aufhielt.

Der Ausgeschaffte passierte den Zoll nicht und wurde in einen Gefängnistrakt gebracht. Ich gab mich als gute Bekannte des Mannes aus und konnte mit dem Traktvorsteher sprechen. Etwas später wurde der Ausgeschaffte freigelassen, aber nach meiner Abreise wieder festgenommen. Viele der Ausgeschafften wurden im Ankunftsflughafen festgenommen und verhört.

Ein andermal suchte ich vergeblich nach einem Schlupfloch in der türkischen Grenze für einen politisch verfolgten jungen Kurden und musste schliesslich einen professionellen Fluchthelfer mit der schwierigen Ausreise beauftragen. Einmal mussten wir auch zwei Kinder ihren in der Schweiz lebenden Eltern überbringen – ein Unterfangen, das beinahe schief gegangen wäre und uns zu Kindesentführerinnen abgestempelt hätte. Die Augenzeugenberichte über die systematische Verfolgung von Minderheiten und Oppositionellen in den wichtigsten Flüchtlingsherkunftsländern vermochten jedoch kaum die öffentliche Wahrnehmung von Asylsuchenden als ›unechte‹ Flüchtlinge zu beeinflussen.

Die dritte Asylgesetzrevision

Die dritte Asylgesetzrevision erfolgte mit dringlichem Bundesbeschluss und wurde nicht nur von allen vier Bundesratsparteien, sondern auch von der Schweizerischen Flüchtlingshilfe (SFH) begrüsst. Dabei wurden mit dem dringlichen Bundesbeschluss verhängnisvolle Weichen gestellt: So wurden die Möglichkeiten einer humanitären Aufnahme drastisch eingeschränkt; zudem wurde der Nichteintretensentscheid neu ins Asylrecht eingeführt. Damit erhielt das Schnellverfahren 88 ein neues Outfit verpasst: Auf einen Teil der Asylgesuche wurde in einem Schnellverfahren nicht mehr eingetreten. Neu versprochen wurde eine unabhängige Rekurskommission, was SPS und SFH zur Unterstützung des Bundesbeschlusses bewog. Am 23. Juni 1990, einen Tag nach dem Inkrafttreten des dringlichen Bundesbeschlusses, schrieb die Asylkoordination Schweiz in einem Communiqué: »Schockiert zeigt sich die Asylkoordination Schweiz über das übereilt und leichtfertig verschärfte Asylgesetz. [...] Das Unrecht, welches bereits heute tagtäglich an Asylsuchenden begangen wird, ist jetzt gesetzlich sanktioniert worden. Die Verfahrensbeschleunigung wird erneut auf Kosten der Qualität der Asylentscheide gehen. [...] Weil indessen Behörden und Bürgerliche bereits heute mit der Abschaffung des Asylgesetzes und mit Notrecht liebäugeln, und weil das vom Bund verordnete Dringlichkeitsrecht in jedem Fall ein volles Jahr lang in Kraft bleiben wird, hält die Asylkoordination Schweiz statt einem Referendum andere Formen des Widerstands gegen die behördliche Abschreckungspolitik für angebracht.«[6] In der Chronik der Freiplatzaktion Zürich steht in knappen Stichworten[7]: »Die Freiplatzaktion und die Asylkoordination Schweiz möchten das Referendum nicht unterstützen. Es fehlt an Kraft [...] [dazu kommt] das Asyl-unfreundliche Klima. Dazu wären wir durch Unterstützung der Revision Fürsprecher des geltenden Rechts.«

Eine Minderheit der Asylbewegung mit Zubers AAA, CEDRI, Kaplan Koch, dem Asylkomitee Baselland, der IGA Basel[8], der Organisation für die Sache der Frau (OFRA) und dem Flüchtlingsempfangsbüro in Ponte Chiasso sammelte dennoch Unterschriften für ein Referendum, vermochte aber nur zwei Drittel der erforderlichen Unterschriften zusammenzubringen. Ich selbst gehörte damals zu den Unterschriftensammlerinnen und mühte mich in der während den Sommerferienmonaten von den Schweizer BürgerInnen verlassenen Stadt verzweifelt um Unterschreibungsbefugte und -willige. Es war hoffnungslos.

Catherine Weber, Mitglied der Asylkoordination, legte in der *Berner Tagwacht* am 30. Juli 1990 in einem Streitgespräch mit Peter Zuber dar, weshalb ein Referendum der falsche Weg sei: »Ich habe nicht resigniert. Wir zählen, wenn es um die Asylfrage geht, immer zu einer Minderheit, daran muss man sich gewöhnen. Wenn wir finden, dass das Referendum heute das falsche Mittel ist, dann darum, weil wir Angst haben, dass in der Abstimmung nicht einmal dreissig

Prozent auf unserer Seite stehen werden.« Zuber vertrat hingegen die Ansicht: »Wenn wir ein Anliegen vertreten, dann sind wir verpflichtet, diese Möglichkeit (ein Referendum) zu ergreifen, unabhängig von den Erfolgschancen.«[9] Eine Auseinandersetzung, die in den folgenden 16 Jahren noch mindestens vier Mal stattfinden sollte. Gegen alle weiteren Asylgesetzverschärfungen inklusive den Zwangsmassnahmen beteiligte sich, oft federführend, praktisch die gesamte Asylbewegung aktiv.

Kurz bevor das Referendumskomitee im September 1990 sein Scheitern bekannt geben musste, kam unter den Hilfswerken Empörung auf, weil das Justiz- und Polizeidepartement unterdessen eine Asylverordnung ausgearbeitet hatte, welche die Konsequenzen von Nichteintretensentscheiden klar sichtbar machte. Der Leiter des Rechtsdienstes der SFH sagte: »Wir sind von den Flüchtlingsbehörden hinters Licht geführt worden.« Mario Gattiker, damals Jurist bei Caritas Schweiz und heutiger Chef des Direktionsbereichs Bürgerrecht, Integration, Bundesbeiträge im Bundesamt für Migration (BfM), sprach gar von Gesetzesbruch. »Das bisherige Vorgehen der Behörden hat bei verschiedenen Asylorganisationen die Lust geweckt, sich die Frage des Asylreferendums neu zu überlegen«[10], so die SFH. Aber dafür war es nun eindeutig zu spät. Erkennbar wurde, dass man, wenn man auf der Seite der Flüchtlinge stand, auch mit Kompromissen und Einlenken seine Ziele nicht besser erreichen konnte. Die Schweiz schien sich vor den nahenden Balkan-Kriegen abgeschottet zu haben. Ein paar Monate später veröffentlichte der Bundesrat sein Dreikreise-Modell, welches unter anderem die ›Gastarbeiter‹ dieser Region ausgrenzte.

Die Flüchtlinge aus den Balkan-Kriegen

Die Abwehr von Flüchtlingen war das Thema, das die offizielle Schweiz an den Balkan-Kriegen am meisten beschäftigte. 1991 stellten 14'200 Flüchtlinge aus Jugoslawien ein Asylgesuch in der Schweiz, und zahlreiche Landsleute befanden sich bereits als GastarbeiterInnen in der Schweiz. Einem Teil der Letzteren entzog die Behörde mit dem Dreikreise-Modell das Bleiberecht. Die Abwehr an der Grenze wurde durch eine restriktive Aufnahmepraxis im Landesinnern ergänzt. Bereits am 16. März 1992 hob der Bundesrat eine gruppenweise vorläufige Aufnahme für Personen aus Kroatien und der Grenzregion zwischen Kroatien und Bosnien-Herzegowina auf. Am 27. April erfolgte dann die Mitteilung, dass bosnische Flüchtlinge – nicht aber kroatische – aufgrund der anhaltenden Kämpfe für ein paar Monate nicht des Landes verwiesen werden sollten.[11] Damals wurden mehr als drei Millionen Menschen aus Bosnien vertrieben. Die Staaten der EU – und mit ihnen die Schweiz – lehnten eine Zusage für Flüchtlingskontingente immer wieder ab und favorisierten die »Hilfe vor Ort«.[12] Im Juli 1992 beschloss Bundesbern, als humanitäre Geste tausend Kinder und erwachsene Begleitpersonen aus Bosnien für drei Monate in die Schweiz einzuladen. Zahlreiche SchweizerInnen erklärten sich spontan bereit, Flüchtlingskinder bei sich aufzunehmen, doch nahmen die Behörden ihr Angebot nicht an. Am 23. Juli empfing Bundesrat Koller 1050 bosnische Flüchtlinge, die mit dem Zug in Buchs eintrafen.[13] Gleichzeitig wurden aber Einlass begehrende bosnische Flüchtlinge an der Grenze abgewiesen.[14]

Anfang der 90er Jahre beschäftigte sich die Asylbewegung stärker mit den Kosovo-Flüchtlingen als mit den Bosnien-Flüchtlingen. Schon kurz nach Titos Tod am 4. Mai 1980 waren in der Provinz Kosovo politische Unruhen ausgebrochen. Am 2. April 1981 verhängte die serbische Führung den Ausnahmezustand. 1989 schlossen sich unter Ibrahim Rugova Oppositionsgruppen zum Demokratischen Bund Kosovas (LDK) zusammen und bauten für die im eigenen Land ausgegrenzten und verfolgten AlbanerInnen parallele Gesundheits- und Bildungsstrukturen auf.[15] Die Schweiz und die europäischen Länder übten angesichts des eskalierenden Konflikts politisch vornehme Zurückhaltung. Trotz massiver Verfolgung und blutiger Unterdrückung von Protesten anerkannten sie die systematischen Menschenrechtsverletzungen in Kosovo nicht und liessen die Zeit für Friedensverhandlungen ungenutzt verstreichen. In den negativen Asylentscheiden der Schweiz kam gar eine unterschwellige Parteinahme für das repressive jugoslawische Regime zum Ausdruck.[16] Auch ein Teil der linken Politszene ausserhalb der Asylbewegung hielt mit Kritik an Milosevics Unterdrückungspolitik zurück und brachte dem kosovo-albanischen Widerstand, der die USA als seine Verbündeten betrachtete, wenig Sympathie entgegen.

Kosovo-albanische Flüchtlinge wurden in der Schweiz rigoros weggewiesen, beteiligten sich aber auch aktiv in der Asylbewegung und belieferten sie mit politischen Situationsberichten. Auf offizielle Lageberichte folgten regelmässig Gegengutachten, welche die systematische Repression detailliert darlegten. Im September 1993 griffen achtzehn Kirchen des Kantons Bern erneut zur Widerstandsform des Kirchenasyls, um 120 kosovo-albanische Flüchtlinge vor der Ausschaffung zu schützen. Pfarrer Jacob Schädelin verkündete: »Diese Verschnaufpause wird von den Asylkirchen genützt, um Gespräche auf allen möglichen Ebenen zu verstärken, um Abklärungen vor Ort anzuregen, indem Journalisten Dossiers für Recherchen mitgegeben werden, um Öffentlichkeitsarbeit zu leisten, und um nach Kräften die Situation der betroffenen Flüchtlinge in ihrer existenziellen Angst aufzufangen und zu lindern.«[17] Gegen diese beherzte Aktion erhoben sich in der Asylkoordination vereinzelt auch Gegenstimmen. So schrieb Markus Knöpfli, damaliger Präsident der Freiplatzaktion Basel, in einem undatierten Brief an Ueli Schwarz, Sekretär der BODS: »Wenn irgendwie möglich, dann – bitte – stoppt diese Aktion. [...] Einerseits ist absehbar, dass diese Aktion schief geht. [...] In der Öffentlichkeit bewirken solche Aktionen kein Umdenken zugunsten der Asylbewerber, jedenfalls nicht im grossen Stil. Im Gegenteil: Umfragen zeigen, dass die Stimmung der Schweizer Bevölkerung gegenüber Asylbewerbern und Ausländern ablehnender geworden ist.«[18] Die Angst, mit öffentlichem Widerstand die Fremdenfeindlichkeit zu provozieren, war damals sehr verbreitet. Doch Stillhalten hielt die gefährliche Entwicklung keineswegs auf.

Die gewalttätigen Übergriffe, die hemmungslose öffentliche Fremdenfeindlichkeit und die rigorose Wegweisungspraxis schienen der Asylbewegung Anfang der 90er Jahre aufs Gemüt geschlagen zu haben. Dazu trug auch das traurige Ende der Flüeli-Ranft-Aktion bei. Am 2. Mai 1991 stürmte nämlich die Polizei eine Pressekonferenz in einem Haus der katholischen Kirche und nahm die dort versteckten kurdischen Flüchtlinge fest. Die Solidaritätsgruppe Flüeli-Ranft hatte sie seit dem 15. Februar 1991 vor einer Ausschaffung beschützt. Die Schriftstellerin Erica Brühlmann-Jecklin schrieb in ihrem drei Jahre später veröffentlichten Buch *Die Flüeli-Ranft-Flüchtlinge und ihre VersteckerInnen im Jubeljahr 1991*: »Wir, die Mitglieder der Solidaritätsgruppe Flüeli-Ranft, wir waren traurig, müde, beschämt und enttäuscht. Die Pressekonferenz, an der die Flüchtlinge verhaftet worden waren, war von einem Gruppenmitglied im Alleingang, ohne unser Wissen, organisiert worden. [...] Die Flüeli-Ranft-Flüchtlinge, ihre Zeit in der Schweiz, ihr Hungerstreik, ihr Untertauchen, ihre Verhaftung und Ausschaffung, bedeuten für mich ein Stück Schweizergeschichte, das just im Jubeljahr 1991 stattfand.«[19] Rund 10 Jahre später fand bei Margrit Spichtig, der Schlüsselperson der Versteckaktion, ein Wiedersehen statt. Mehrere der 1991 ausgeschafften Flüchtlinge hatten in Deutschland ein Bleiberecht erhalten und nahmen an der Wiederbegegnung teil.

Ich war Anfang der 90er Jahre Mitglied im Asylkomitee Baselland – eine rege, mehrheitlich von Frauen getragene Basisgruppe. Es wurde viel über »Frust« und »Gefühle der Ohnmacht« geklagt.[20] Am 30. Oktober 1992 titelte die WOZ, *Wer rettet die Asylbewegung?*, und fragte AktivistInnen, weshalb die Bewegung praktisch inexistent sei. SP-Nationalrat Paul Rechsteiner entgegnete, dass sich »praktisch alle Solidaritätsbewegungen – aufgrund der veränderten Weltordnung – in einer Krise befinden. Gleichzeitig ist der Rechtspopulismus sehr stark geworden.« Catherine Weber ergänzte, die Kapazitäten der Asylbewegung, Druck auszuüben, seien schlichtweg erschöpft. Sie könne lediglich versuchen, Missstände aufzuzeigen. Und Haydar Özlihan fügte bei: »Der grosse Fehler ist, dass wir mitspielen, dass wir nicht bestimmen. Hier wird die Politik immer von anderen gemacht, der Regierung, den Medien. Ich habe bisher nie gesehen oder gespürt, dass die Linken oder konkret die Asylbewegung anders gehandelt hätte – sie reagiert nur.«

Frauenflüchtlinge ergreifen die Initiative

Unzählige kluge Frauen kämpften an der Basis der Asylbewegung für die Rechte der Flüchtlinge. Wenn es aber um öffentliche Auftritte ging, repräsentierten Männer die Bewegung. Frauenflüchtlinge blieben, dem traditionellen Frauenbild gemäss, im Hintergrund, als Familienanhang von männlichen Flüchtlingen. Als Feministin fühlte ich mich in der Asylbewegung auf verlorenem Posten.

Erst die Ende der 80er Jahre einsetzende Zusammenarbeit mit Migrantinnen und Frauenflüchtlingen liess mich eine Brücke zwischen Frauen-, Migrations- und Asylpolitik finden. Um 1990 bildete sich das überkantonale *Netzwerk Frauenflüchtlinge*, in welchem wichtige Kontakte zu Migrantinnenorganisationen und zu auf einsamem Posten kämpfenden Frauen geknüpft wurden – Kontakte, die das Netzwerk lange überdauerten. Aus dem Netzwerk gingen die ersten wegweisenden Publikationen zu Frauenflüchtlingen hervor.[21] Feministische Aktivistinnen waren im Aufbruch zu neuen Ufern. Angeregt durch den starken Auftritt der Frauen aus Südländern an der UNO-Menschenrechtskonferenz von Wien im Jahr 1993 begannen die vernetzten Frauen auf die in Peking stattfindende Vierte UNO-Weltfrauenkonferenz hinzuarbeiten, in der Hoffnung, den Menschenrechtsbegriff auf internationaler Ebene aus einer Optik von Frauen neu auslegen zu können. 1994 erregten die Massenvergewaltigungen von Frauen im Bosnien-Krieg das Entsetzen vor allem der Frauen. Dass Vergewaltigungen eine gängige Waffe in ethnischen Konflikten und Bürgerkriegen waren, trat vorübergehend ins öffentliche Bewusstsein.

Was auf nationaler Ebene bis danhin ein Ding der Unmöglichkeit gewesen war, gelang auf der UNO-Ebene: Im Schlussdokument der Pekinger Weltfrauenkonferenz von 1995 wurden die Staaten – neben zahlreichen migrationspolitischen Massnahmen zu Gunsten von Frauen – auf die Anerkennung frauenspezifischer Fluchtgründe verpflichtet.[22] Nach der UNO-Konferenz begann wieder die politische Kleinarbeit in der Schweiz. Aufgrund der Pekinger Aktionsplattform setzten sich nun auch bürgerliche Frauen für das Anliegen ein: Am Schweizer Frauenkongress im Februar 1996 wurde die Resolution verabschiedet, dass frauenspezifische Fluchtgründe als Asylgrund anzuerkennen seien. Während der damals laufenden Asylgesetzrevision richteten alle Frauenverbände der Schweiz einen Brief mit diesen Forderungen an die BundesparlamentarierInnen. Frauen lobbyierten und leisteten vor Ort Überzeugungsarbeit. Mit Erfolg: Auch bürgerliche Parlamentarierinnen machten sich während der Debatte dafür stark. Gegen den Willen von Bundesrat Arnold Koller und vielen bürgerlichen Parlamentariern wurde dann der Satz mit den frauenspezifischen Fluchtgründen in der Flüchtlingsdefinition des Asylgesetzes – bei den Verfolgungsformen – untergebracht.

Migrantinnen und Frauenflüchtlinge haben auch in der Folge das Heft in die eigene Hand genommen, sich an Gesetzesvernehmlassungen beteiligt und mehr Mitsprache gefordert. Als im Frühjahr 1997 den vorläufig aufgenommenen Flüchtlingen aus Bosnien die bevorstehende Wegweisung mitgeteilt wurde, begannen sich die Bosnierinnen – meist allein stehende Frauen mit Kindern – zu organisieren. Unvergesslich ist mir der Tag, als ich von rund 60 empörten Bosnierinnen nach Zürich eingeladen und gefragt wurde, was ich als BODS-Sekretärin gegen ihre Wegweisung zu tun gedenke. Im ersten Moment fühlte ich mich restlos überfordert. Dann fanden wir einen Weg enger Zusammenarbeit. Zusammen mit Maja Wicki, Philosophin und Psychologin in Zürich, entwickelten die 60 Frauen und ich ein Buchprojekt, das im Winter 1997 an einer Vernissage in Bern vorgestellt wurde.[23] Und die Frauen begannen zu lobbyieren, besuchten Nationalrätinnen, Kirchen- und HilfswerksleiterInnen. Sie taten dies mit unglaublicher Beharrlichkeit und mit Erfolg: Die Wegweisungskriterien wurden etwas modifiziert, und viele Bosnierinnen erhielten nach Wiedererwägungsgesuchen ein Bleiberecht.

Eine ähnlich lehrreiche Erfahrung machte ich in der Zusammenarbeit mit Frauen aus Kosovo und mit Rosmi Blaser vom Frauentreffpunkt ›Karibu‹ in Zollikofen. Im Winter 97/98 begann sich eine Gruppe von weggewiesenen kosovo-albanischen Frauen auf eine öffentliche Veranstaltung am 26. August 1998 vorzubereiten, an welcher sie ihre Sicht der Exil-Situation darstellen wollten. Noch nie zuvor hatten diese Frauen ein Mikrofon in der Hand gehalten; ihre Männer verhielten sich sehr skeptisch zum Vorhaben der Frauen. Während die couragierten Frauen in einer Kirche ihren öffentlichen Auftritt übten, nahmen die Vertreibungen und mit Folter verbundenen Morde an der kosovo-albanischen Bevölkerung durch serbische Sicherheitskräfte zu. Ganze Landstriche wurden entvölkert. Die Kontakte zu den Angehörigen in der Heimat brachen ab. Eine der Gruppensprecherinnen hatte kurz vor ihrem Auftritt in den Fernseh-Nachrichten das Bild ihrer betagten Mutter auf der Flucht gesehen. Schmerz und Angst um ihre Angehörigen verschlugen den Frauen die Sprache. Dennoch traten sie am 26. August aufs Podium und brachten dem anwesenden Publikum mit mitunter versagender Stimme ihre Botschaften nahe.

Auch der Kampf dieser Frauen endete mit einem Erfolg. Während der Bundesrat noch im April 1998 entschied, die Ausweisungen der Flüchtlinge aus dem Kosovo auf den 31. Juli zu legen, verschob er sie im Juli auf Ende September 1998.[24] Noch im Oktober 1998 protestierten die AKS, BODS und das Schweizer Empfangsbüro Como-Ponte Chiasso mit Cornelius Koch und den zwei Nationalrätinnen Angeline Fankhauser und Pia Hollenstein in einer Grenzaktion an der Schweizer Südgrenze gegen die systematische Rückweisung von Flüchtlingen aus Kosovo.[25] Mit der vom BFF im Jahr 2000 durchgeführten humanitären Aktion erlangten die Kosovo-Albanerinnen für sich und ihre Familien schliesslich ein Bleiberecht. Die Ehemänner staunten nicht schlecht über die Auswirkung der Öffentlichkeitsarbeit ihrer Frauen.

Im April 1999 begann die NATO Serbien zu bombardieren; ein grosser Teil der kosovo-albanischen Bevölkerung jubelte. Doch nicht nur die serbische Zivilbevölkerung hatte unter den Angriffen zu leiden. Auch die ethnischen Minderheiten im Kosovo bildeten seither die Zielscheibe von ethnisch-politisch motivierten Racheakten. Als das *Forum gegen Rassismus* am 17. November 1999 in der Eglise française in Bern eine Informationsveranstaltung über Roma eröffnete, füllte sich der Saal unerwartet mit über 250 empörten Roma. Ihnen war der Ausweisungsbrief zugeschickt worden. Sie nahmen die Informationsveranstaltung kurzerhand in die eigenen Hände und forderten dezidiert, etwas gegen ihre Ausschaffung zu unternehmen.[26] Mit einem Gutachten von Professor Walter Kälin konnte das *Forum gegen Rassismus* kurz danach die unmittelbare Massenabschiebung der gefährdeten Roma, Ashkali und Gorani – zumindest für ein paar Jahre – verhindern.

Die Zwangsmassnahmen und das dritte Asylgesetzreferendum

Es waren weniger die gewalttätigen Übergriffe auf Asylsuchende als die vereinzelten Delikte von Asylsuchenden, welche Anfang der 90er Jahre die Gemüter in der Öffentlichkeit erregten. Am 2. November 1991 beklagte sich die ›Aktion betroffener Anrainer‹ in einem halbseitigen Inserat über den Zürcher Drogen-Supermarkt ausländischer Banden. Bereits am folgenden Tag forderte Jörg Schild, damaliger Chef der Betäubungsmittel-Zentrale und späterer Polizeichef von Basel-Stadt, asylrechtliche Massnahmen. Kurz darauf verlangte FDP-Ständerat Andreas Iten eine Asylstation für kriminelle Asylbewerber. Bereits im September 1991 hatte der Aargau in einer Standesinitiative ein Notrecht gegen straffällige und renitente Asylbewerber vorgeschlagen. »Begründete Klagen« sollten zum Abbruch des Asylverfahrens und illegale Einreisen zu einer Wegweisung führen. Orchestriert wurden die sich rasch folgenden Vorstösse im Vorfeld der Nationalratswahlen von 1993 durch eine pausenlose Hetzkampagne des Blick. Monika Weber, damals Zürcher Ständerätin und im obersten Kader der Migros tätig, forderte 1993 die sofortige Ausschaffung aller straffälligen Asylsuchenden. Die überbordende öffentliche Beschuldigung der Asylsuchenden als Drogendealer und Kriminelle liess die Zuversicht der Asylbewegung sinken. Wer sich zur rechtschaffenen Schweiz zählen lassen wollte, stimmte in diesen anschwellenden Chor ein. Bereits am 22. Dezember 1993 unterbreitete der Bundesrat die Botschaft zu den Zwangsmassnahmen, die eine Ausschaffungshaft bis zu 9 Monaten vorsah. Die Zwangsmassnahmen bildeten eine menschen- und asylrechtliche Zäsur, einen nachhaltigen Bruch mit dem rechtsstaatlichen Gleichbehandlungsgebot.

Ein grosser Teil der Deutschschweizer Asylbewegung – und auch ein Teil der Frauenbewegung – wollte zusammen mit Amnesty International das Referendum ergreifen. Die KollegInnen aus der Romandie meldeten Bedenken an[27] – ebenso die SP und die Grünen. Auf Grund eines von Willy Spieler in der Zürcher SP erstrittenen Wiedererwägungsantrags entschied sich die SPS letztlich doch für das Referendum. Innerhalb der BODS führte das entschiedene Engagement von Ueli Schwarz für ein Referendum zu heftigen Auseinandersetzungen. SP und Grüne versprachen als Alternative zum Referendum, eine »Schutzstelle für Menschenwürde« einzurichten, die dann mit denkbar magerer Besetzung aufgebaut und wenige Jahre später wieder abgebaut wurde. Die Referendumsbefürworter setzen sich Mitte März 1994 durch.[28] Danach beruhigten sich die Kontroversen in der Asylbewegung, und man machte sich ans Unterschriftensammeln. Die Zwangsmassnahmen wurden am 4. Dezember 1994 mit 73% der Stimmen angenommen – zwei Monate nach der Annahme eines Gesetzes gegen Rassismus.[29] Es war die Geburtsstunde von *augenauf*.

Wieder baute die Asylbewegung ein Begleitnetz auf. Aber es war ausserordentlich schwierig, mit den Ausschaffungshäftlingen in Kontakt zu treten. Besuche wurden verweigert, die Häftlinge befanden sich oft in Einzelhaft, hatten keinerlei Beschäftigung, Briefe wurden zurückgehalten. Man traf sich regelmässig lokal und national und tauschte die Erfahrungen, auch über das juristische Vorgehen, aus.[30] Doch nach kurzer Zeit zogen sich Kirchen und Hilfswerke aus dem beschwerlichen Geschäft zurück. Bis heute sind ELISA[31] in Genf und das KAZ[32] in Bern die einzigen, von den Kirchen mitgetragenen Kontaktstellen für Ausschaffungshäftlinge. Auch heute noch wird Ausschaffungshaft immer wieder in gesetzeswidriger Weise vollzogen. Mit der Einführung der Sparmassnahmen im Asylbereich im Jahr 2004 wurde die Anordnung von Ausschaffungshaft in manchen Deutschschweizer Kantonen vervielfacht, ohne dass eine entsprechende externe Kontrolle über das Haftregime stattfindet.

Vielen Asylbewegten schien sich in den 90er Jahren das Klima immer mehr zu verschlechtern, so dass die eigene Stimme mehr und mehr in einem xenophoben Sturm unterzugehen drohte. Aber dann sprossen wieder neue unverzagte Initiativen hervor wie die Bewegungen gegen Ausschaffungen im Kanton Waadt, der dadurch zum ungehorsamen Kind in der eidgenössischen Familie wurde und zeigte, dass es auch anders ging.[33]

1 Chronologie der Flüchtlingspolitik ab 11. November 1989, Dokumentationsstelle der Stiftung Gertrud Kurz, Bern, 1989–1990.

2 Die 29 Gründerorganisationen des *Forums gegen Rassismus*, u.a. die Schweizerische Flüchtlingshilfe, die Dachorganisationen der Landeskirchen, Brot für alle, Fastenopfer, SPS, GPS, BODS, ACOR, Jugendverbände und Gewerkschaften hatten eine gemeinsame Plattform unterzeichnet. Als erste grosse Aktion plante das Forum eine Kundgebung zum internationalen Tag gegen Rassismus. Das *Forum gegen Rassismus* schrumpfte nach dem Beitritt der Schweiz zur UNO-Anti-Rassismus-Konvention allmählich auf einen kleinen Ausschuss von rund einem Dutzend engagierter Personen zusammen, der mangels Unterstützungsbeiträgen im Jahr 2005 aufgeben und das Forum auflösen musste.

3 So am 8.11.1989 in diversen Zeitungen, aus: Chronologie der Flüchtlingspolitik, Dokumentationsstelle der Stiftung Gertrud Kurz, Bern, Nov. 1989.

4 Statistik des Bundesamtes für Flüchtlinge: Asylgesuchsteller von 1981–1993.

5 Beispielsweise der 14-täglich erscheinende *türkei infodienst* (De), das monatlich erscheinende *Kurdistan aktuell* des Kurdistankomitees der Asylkoordination Schweiz, das vierteljährlich erscheinende *Merhaba* des Vereins Informationsstelle Türkei, Basel, oder das *Info-Lanka* von U. Hiss.

6 Pressecommuniqué der Asylkoordination Schweiz vom 23.6.1990.

7 Chronologie der FPA Zürich von Edith Hofmann (Vorstandsmitglied der FPA und Sosf).

8 Interprofessionelle Gewerkschaft der ArbeiterInnen, eine von Flüchtlingen mit aufgebaute Gewerkschaft.

9 Berner Tagwacht, 30.7.1990: Harte Knochenarbeit im Steinbruch der Seelengrube.

10 Tages-Anzeiger, 23.8.1990: Die Flüchtlingsbehörden haben uns getäuscht.

11 Chronologie der Flüchtlingspolitik vom März und April 1992.

12 Dietrich/Glöde 2000, S. 13.

13 Chronologie der Flüchtlingspolitik vom Juli 1992.

14 Chronologie der Flüchtlingspolitik vom August 1992.

15 SFH: Die Albaner in Jugoslawien, Informationen für HilfswerkvertreterInnen, Juni 1991.

16 SFH: Länderspezifische Analysen der BFF-Entscheide zu Kosova, Bern, März 1997.

17 Brief der Kirchenasyl-gebenden evangelischen und katholischen Kirchgemeinden des Kantons Bern vom 30.12.1993, Archiv von Sosf.

18 Brief von Markus Knöpfli an Ueli Schwarz, Archiv von Anni Lanz.

19 Siehe Brühlmann-Jecklin 1994.

20 Festgehalten beispielsweise im Protokoll des Asylkomitees BL vom 13.1.1992 und 6.6.1994.

21 Bereits 1987 hatten der cfd und HEKS die Broschüre *Wenn Frauen*

flüchten veröffentlicht. Im April 1992 gab das schweizerische Gleichstellungsbüro das Heft *Frauenverfolgung und Flüchtlingsbegriff. Studie zur Auslegung des Flüchtlingsbegriffs in der Flüchtlingskonvention und im Asylgesetz* von Christina Hausammann heraus. Im Mai 1993 folgte das Handbuch *Frauenflüchtlinge in der Schweiz* (Hg. Eidgenössisches Gleichstellungsbüro und SFH).

22 Bericht der Vierten Weltfrauenkonferenz, Aktionsplattform, Abs. 147–148.

23 Siehe Wicki/Lanz (Hg.) 1997.

24 BODS-Rundbrief 3/98, Wegweisung von Kosova-AlbanerInnen.

25 BODS-Rundbrief 4/98, Grenzaktion mit Wolldecken.

26 BODS-Rundbrief 4/99, Roma-Flüchtlinge in Not.

27 Briefe von ELISA, Vivre ensemble, vom Centre social protestant Vaud vom März 1994, im Archiv von Sosf.

28 Vorwärts, 25.3.1994: Asylbewegung setzt sich durch.

29 Maillard/Tafelmacher 1999, S. 90–94.

30 Protokolle der Koordinationstreffen zu den Zwangsmassnahmen, 1995, Archiv von Anni Lanz.

31 Elisa – asile von hinten nach vorne gelesen – wurde 1986 in Genf von ehrenamtlich tätigen AktivistInnen einer ökumenischen Gruppe aufgebaut, die Asylsuchende auch juristisch begleiteten. Die Gruppe unterhält und sucht Kontakte auch mit Ausschaffungshäftlingen (siehe www.elisa.ch).

32 Die kirchliche *Anlaufstelle Zwangsmassnahmen*, KAZ, wurde bald nach der Inkraftsetzung der Zwangsmassnahmen von den reformierten Kirchen Bern-Jura eingerichtet. Sie beobachtet die Zwangsmassnahmenpraxis in der Region Bern und kann von den Ausschaffungshäftlingen jederzeit angerufen werden. Die KAZ übernimmt auch deren Mandate.

33 Tafelmacher 2005.

Einblendung vier
Grade der Verluderung

Die Zweideutigkeit des ›Volkes‹

»Im Kampf gegen die Einwanderung erringt das ›Volk‹ seine Identität, indem es das ›Fremde‹ erkennt, assimiliert oder ausgrenzt. Der Begriff des ›Volkes‹ hat demgemäss zwei Bedeutungen: Als Gegenteil der politischen Elite ist das ›Volk‹ die Summe aller ›kleinen Leute‹, die politisch missachtet und vom Staat lediglich als Steuerzahler geschätzt werden. Im Gegensatz zu den Einwanderern ist das ›Volk‹ hingegen mit der Nation identisch und Teil des christlichen Abendlandes.«[1]

Das ›Volk‹ erkennt das Fremde, assimiliert es oder grenzt es aus. Das Volk hat so eine »Identität errungen«. Was es errungen hat, ist ihm aber offenbar gegeben, für es konstruiert worden. Der Erkenntnisprozess des Volkes geschieht dabei auf eine radikale Art: Was in die Schweiz einwandert, wird nur als das Fremde wahrgenommen, erkannt und folglich ausgespuckt.

Wer hat das dem Volk gegeben? Peter Niggli und Jürg Frischknecht zitieren als Motto unter einer Kapitelüberschrift ihres Werks *Der Quantensprung der nationalen Rechten* aus der NZZ vom 13.11.1997 einen Satz von Leonhard Neidhart: »Dass sich der Kleinstaat Schweiz in seiner gegenwärtig prekären inneren und äusseren Situation einen Kulturkampf im Stil der Auns[2] leistet, ist ebenso schwer verständlich wie die Tatsache, dass niemand im bürgerlichen Lager es wagt, diesem plutokratisch helvetischen Neo-Bonapartismus Paroli zu bieten.«[3] Wer diesen »Neo-Bonapartismus« verkörpert, ist für Neidhart klar: Christoph Blocher, der bekanntlich zu dem gehört, was man durchaus als ›helvetische Plutokratie‹ bezeichnen könnte.[4] Die Sprache von Niggli/Frischknecht ist weniger aufgeregt, dafür analytischer; sie konzentrieren sich nicht auf Bonaparte (den Victor Hugo bekanntlich als »Napoléon le petit« verspottet hat), sondern auf die ›kleinen Leute‹. Die werden einerseits vom Staat bloss als Steuerzahler geschätzt, können aber mit ihrer Erkenntnis über die Fremden, die man ihnen verpasst hat, sich andererseits fühlen als die Nation, die erst noch »Teil« ist »des christlichen Abendlandes«.

Über Mentalitäten und ihre Konstruktion

Ich verfolge in den vier *Einblendungen* in und hinter geschichtlichen Daten Spuren von Mentalitäten. Neidharts starker Satz in der NZZ weist zu Recht auf den Punkt, der sich, ohne bildungsbürgerliche Assoziationen, krud auch so formulieren lässt: Hinter Mentalitäten stehen handfeste Interessen politischer Akteure, die über die nötigen Mittel verfügen, das, was ihren Interessen dient, auch politisch durchzusetzen.

Denn: Mentalitäten gibt es nicht einfach, auch keine schweizerischen. Mentalitäten werden konstruiert, und zwar nach jeweiligem Bedarf politischer Eliten. Mentalitäten setzen sich in einer Bevölkerung um und durch, wenn einer, meist lange schweigenden, Mehrheit plausibel gemacht werden kann, dass das, was führende Politiker sagen, ihren eigenen Interessen zu entsprechen scheint.

Natürlich gab es in der Schweiz nach dem Ende des Zweiten Weltkriegs reiche Leute; nicht wenige waren während des Krieges keineswegs ärmer geworden, im Gegenteil. Aber es wäre naiv, ja gefährlich anzunehmen, es habe nach 1945 ein Projekt für eine zu schaffende Plutokratie gegeben. Es gab nicht einmal, wenigstens nicht als durchdachtes Programm, ein Projekt für einen für alle Zeiten bürgerlichen Staat. Es war viel simpler, wie der anfänglich zitierte Regierungsrat 1946 offenherzig dem Schweizer Radio anvertrauen konnte: Es galt den Status quo der Verschontheit vor der Weltgeschichte, die rund herum stattgefunden hatte, hinüber zu retten in die Nachkriegszeit, damit es ökonomisch bruchlos nicht nur weiter- sondern aus bester Startposition im darnieder liegenden Europa vorwärts gehen konnte. Der Herr Regierungsrat war sich sicher, konnte es noch sein, dass darüber schweizweit Konsens bestand. Das garantierte ihm der »aufgeschlossene heimische Arbeiter«. Dem mochte er sogar das Streikrecht nicht absprechen und versicherte, die fremden Arbeitskräfte, die man in der Hochkonjunktur brauchte, auch gleich, wenn nötig, wieder loszuwerden. Ich würde nicht zögern, gedeckt durch meine eigenen Erinnerungen an die Atmosphäre dieser frühen Nachkriegszeiten, anzunehmen, dass der Herr Regierungsrat mit gutem Grund annehmen konnte, es bestehe auch ein mentaler Konsens, wie man mit den Fremden, die man gerufen hatte, umgehen würde. Der Herr Regierungsrat hatte Gründe, auf einen helvetischen Konservatismus in ›gemeineidgenössischem‹ Geist für eine lange Zukunft zählen zu können. Es ist erstaunlich, wie lange gewisse Kreise glaubten, auf den sicheren Konservatismus im Volk zählen zu können: 1989 feierte man als einzige Nation Europas den Ausbruch des Zweiten Weltkriegs in der Übung *Diamant*[5], zwei Jahre später 700 Jahre angeblich bruchloser eidgenössischer Geschichte. In der Zwischenzeit war aber einiges passiert in der Welt und auch in der Schweiz.

Deshalb brauchten die Chef-Patrioten, die heimlichen und die unheimlichen, mit der Zeit neue Strategien, um die Mentalität des Volks zu modeln. Man versuchte es, solange es die Sowjetunion gab, immer wieder mit dem ›inneren Feind‹; der kam von links und hatte naive Mitläufer, über die das Volk aufgeklärt werden sollte. Schliesslich musste das Volk zur Kenntnis nehmen, dass es jahrelang bespitzelt worden war und dass es eigentlich jeden und jede hätte treffen können. Freilich lässt sich immer wieder auch auf dieses Feindbild zurückgreifen. »Die Linken und die Netten« des Christoph Blocher und seiner Partei können bei Bedarf als ein Update aus verstaubten ideologischen Archiven hervorgeholt werden.

Aber es ist schliesslich der uns überfremdende Fremde, der immer brauchbar zu sein und zu bleiben scheint, um die Mentalität des Volks mit seinen Ängsten im Griff zu haben. James Schwarzenbach begriff das als Erster und vielleicht ein paar

Jahre zu früh dezidiert und geradezu programmatisch. Offenbar hatte er in den 70er Jahren den Ton noch nicht ganz getroffen. Das kam noch zu erkennbar von einem extremen Rand her. Das musste aus der Mitte des Volkes kommen und zwar mit einer Sprache, die das Volk als die seine verstehen und akzeptieren konnte. Das hat erst der volksnahe Grossunternehmer Christoph Blocher begriffen und hat die Partei, die über Jahre nahezu bescheiden sich als die Partei der Bauern, des Gewerbes und der Bürger und als Abspaltung vom zu grossbürgerlichen, machtgewohnten Freisinn verstand, zur Partei des Volks, zur Schweizerischen Volkspartei, ohne weiteren Zusatz, ohne Wenn und Aber gemacht. Was gäbe es denn für eine andere Partei als diese in der Schweiz? Wie lange die real existierenden, d.h. vielleicht bald nicht mehr existierenden Bauern, das Gewerbe und die Bürger überhaupt dies goutieren werden, scheint mir eine offene Frage zu sein.

Zudem waren die Fremden seit einiger Zeit andere Fremde geworden, kamen nicht mehr aus der Nachbarschaft, in der Herr und Frau Schweizer auch mal Ferien machten,[6] waren nun unvermittelt braun oder schwarz, waren Muslime, waren, niemand wusste mehr was. Das macht Angst, und man konnte und kann nach wie vor dem Volk die Angst mit den Fremden erklären. Aber die Angst ist eine andere Angst, auch wenn man in der Zwischenzeit sie auf diese Fremden projizieren kann.

Gibt es ein konzises Projekt hinter all dem, was Angst macht? Fulvio Pelli, der Chef des serbelnden alten Freisinns, der diesen Staat nicht nur geprägt, sondern vor langer Zeit als freisinnigen geschaffen hatte, sagt es in der Zeitung: Gar nichts dergleichen gebe es hierzulande, keinen Neoliberalismus und keine Revolution in dessen Sinne, und, es sei zwar schwierig mit der SVP, aber natürlich würde der Freisinn Blocher wieder wählen und dabei selbst erstarken. Und Blocher sagt, er habe in der Regierung mehr erreicht als draussen in der lauten Opposition. Also: Gar nichts, gar kein Projekt, nirgends, nur das Vaterland. In diesem aber findet sich reihum bald jeder und jede ein wenig bedroht, je nach dem, wo wieder mal fusioniert, ausgelagert, innoviert, an die Eigenverantwortung delegiert wird, der Bauer, der Gewerbler, der Bürger, nicht bloss der, vor allem die ›working poor‹. Es scheint eine diffuse Verunsicherung immer wieder entstehen zu können, entstehen zu sollen. Es könnte die Frage sich verbreiten: Wer wird nicht selber fremd in diesem Land?

Christoph Blocher hat dabei den riesigen Vorteil den anderen gegenüber, die diesen Staat mit seinen Aufgaben zusammensparen möchten: Er ist ihresgleichen, aber doch nicht ganz.[7] Er weiss, die alten bürgerlichen Kommunikationsmuster mit ihren tollen Sprüchen im Stil von »Mehr Freiheit weniger Staat« stossen die ab, die man gewinnen will.

Es geht nicht um Stil, sondern um die Besetzung der politischen Agenda

Erstens kommuniziert man mit dem Volk nicht von oben herab, das heisst, vor allem nicht so, dass die unten es merken könnten. *Puure Zmorge* genau gleich wie die auf allen Plakaten aufgehende Schweizer-Sonne sind der Inbegriff einer positiven Kommunikation mit dem Volk. Sind wir nicht alle zuinnerst Bauern (geblieben) und können uns mit einer Bevölkerungsgruppe identifizieren, die zur gleichen Zeit abgeschafft wird?[8]

Doch das Positive ist nicht zentral. Nach drei, vier *Puure Zmorge* kommt das Volk nicht mehr, es braucht härtere Kost, um weiter mitzumachen; es braucht die Möglichkeit einer Projektion, um alle Rest-Angst auf Sündenböcke werfen zu können. So besetzt man die politische Agenda nachhaltig. Das heisst nicht, dass die anderen Themen, die Umverteilung von unten nach oben, die Vorstösse in Richtung Entstaatlichung, die Gesundschrumpfung des Staates durch permanentes Sparen, also das ganze durch und durch neoliberale Projekt nicht vorkäme, aber es wird konsequent ›verschweizert‹. Nur die konsequente Verschweizerung hat das, was gebraucht wird, um die Suppe kochen zu lassen: die Fremden und die fremd Gemachten. Schritt für Schritt, seit Jahren, soll die ultimative

Verschärfung denen gegenüber durchgesetzt werden; alles andere ergibt sich von selbst.

Dabei ist die Kommunikationsstrategie auf der Negativ-Seite besonders interessant. Das sind ja alles keine Natur-Rüppel, die nicht anders können, als rüppelhaft zu sein. Die immer wieder empört gestellte Stil-Frage unterschätzt die Strategie. Die reizt nämlich aus, und zwar mit System. Mal geht man mit den Suggestionen über die Grenze hinaus, Messerstecher, Tiervergleiche usw., um das als bedrohlich Dargestellte probeweise total zu diffamieren. Darauf beharrt man nicht, aber ohne je etwas zurückzunehmen.[9] Wichtig ist, was in der Akzeptanz des Volkes hängen bleibt und damit gültig wird: Bitte, es gibt sie doch, die ›Scheinasylanten‹ und die ›Sozialschmarotzer‹. Egal, ob damit die wirklichen Fremden oder fremd gemachte Einheimische stigmatisiert werden.

Ich finde es für dieses Land verheerend, wenn alte bürgerliche Parteien, wenns um die Wurst der SVP geht, um die radikale Verschärfung der Gesetzgebung, die Asylsuchende und Ausländer betrifft, die weit über das hinausgeht, was SVP-Initiativen früher verlangt haben, nur noch bürgerlichen Schulterschluss demonstrieren können. Der Freisinn, genau gesagt dessen Parteiführung, verrät dabei einen Teil seiner Geschichte. Und wenn die Partei, die nach wie vor nicht auf das Christliche in ihrem Namen verzichtet, diese Politik mitträgt, wird es für mich unappetitlich. Es waren ja ausgerechnet Landeskirchen, die deutliche Bedenken gegen weitere Verschärfungen anmeldeten, es waren in den letzten Jahren immer wieder dezidiert Christinnen und Christen, die zivilen Ungehorsam wagten gegen Ungerechtigkeit von Gesetzes wegen, die durch Kirchenasyl klar machten, dass Asyl und Asylsuchende in einem christlichen Sinn auch hierzulande anders angeschaut werden müssten. Will uns die Christenpartei etwa darüber belehren, was von nun an als christlich zu gelten habe? Wie gesagt, nicht sehr appetitlich. Gravierender allerdings wäre, würde mit dem Schulterschluss angezeigt, für zentrale Bereiche der Menschenrechte gelte nun eine Einheitsdoktrin, die sich zu Unrecht bürgerlich nennt. Parteinamen als Schall und

Rauch, frei und christlich, oder was auch immer, bunte Klebe-Etiketten für das Volk, das man sich über Jahre hinweg mit Hilfe der Ausgrenzung alles Fremden und alles Fremd-Gemachten glücklich geschaffen hat?

Mag das neoliberale Projekt, das es scheints nicht gibt, seine Triumphe demokratisch feiern; da wird man als alter Linker (und nicht so Netter) Niederlagen knurrend akzeptieren. Man/frau ist nicht in allen Fragen einer Meinung in einem Staat, der mit einer vom Volk angenommenen Verfassung den politischen Streit garantiert. Der Widerspruch gegen strategisch-systematische Fremd-Macherei im Namen eines konstruierten Volkes ist radikaler. Worum es dabei geht, hat kaum einer so deutlich formuliert wie Max Frisch am Ende seines Lebens.

Was ›verludert‹ wann?

Schon bei seinem 75. Geburtstag hatte Frisch 1986 in einer Rede mit dem Titel *Am Ende der Aufklärung steht das Goldene Kalb* eine einschlägige Vermutung geäussert: »Mein Eindruck: – man möchte nicht wissen, sondern glauben. Zum Beispiel an Sachzwänge.«[10] Das ist der Punkt, an dem Projekte (welcher Art auch immer) anfangen, ins grundsätzlich Undiskutierbare, ins nicht mehr Strittige zu kippen. Das war eine vergleichsweise zurückhaltende Vermutung.[11] Max Frisch starb am 4. April 1991. Kurz zuvor war der Fichen-Skandal bekannt geworden. Frisch gehörte wie 900'000 andere zu den Fichierten. Alle Fichierten, vorsorglich und im Geheimen, zu möglichen ›Un-Schweizern‹[12] gemacht! 1991 aber wollte man hierzulande den Staat und seine angeblich 700-jährige Geschichte abfeiern. Da wollte man einen schwer kranken Max Frisch einbinden, der durfte nicht draussen vor bleiben, den brauchte man als Klassiker, um ihn dann in Ehren vergessen zu können. Aber Frisch sagte in einem Offenen Brief an den Chef-Feiernden Marco Solari Dinge, die man lieber nicht gehört hätte. Zwei Wochen vor seinem Tod fasste Frisch die Situation, in der sich das Land befand, folgendermassen zusammen: »Verfassungs-Verrat als eidgenössischer Alltag«.[13] An anderer Stelle holte er weiter aus, sprach zuerst von der »Ignoranz, der Borniertheit, der Provinzialität«, die den Skandal überhaupt erst möglich gemacht hatte, um dann alles in den einen Satz zusammenzufassen: »1848 eine grosse Gründung des Freisinns, heute unter der jahrhundertelangen Dominanz des Bürgerblocks ein verluderter Staat.«[14]

Max Frisch hat im Verlauf seiner Schriftsteller-Existenz immer wieder schmerzlich-präzise politischen Klartext gesprochen. »Ein verluderter Staat« ist, jenseits aller dichterischen Metaphern, wie sie Frisch in seinem Œuvre geschaffen hat, Einspruch schlechthin – gegen »eidgenössischen Alltag«, der gewillt scheint, sich immer ungenierter zu etablieren und in dem Frisch den permanenten »Verfassungs-Verrat« festhält. Dagegen gibt es auch heute nur eines: Widerspruch, Widerstand.

Wenn Formulierungen in amtlichen Kürzeln geradezu blödsinnig-unheimlich daherkommen, gibt es keine Zeit, indigniert oder resigniert zu schweigen. NEE ist die Abkürzung für »Nicht-Eintretens-Entscheid«. Sie wird den von solchem Entscheid Betroffenen angehängt, um sie so schnell wie möglich los zu werden. Ich schliesse die vierte Einblendung mit Sätzen, die ich vor kurzem während eines politischen Abendgottesdienstes vortrug – und mit einer immer skeptischer werdenden Hoffnung, ausgedrückt im letzten dieser Sätze.[15]

Zwölf Sätze und ein dreizehnter zum Nicht-Eintreten

eins

Immer mehr Menschen merken unvermittelt, dass auf sie nicht eingetreten wird, unvermittelt nicht mehr; Junge, die keine Lehrstelle finden, Alte, die ein Leben lang geglaubt hatten, sie könnten dann im Alter mal sicher sein, Kinder schon merken das.

zwei

Immer mehr Menschen merken das nicht einfach, sondern zudem, dass sie das gefälligst sich auch merken sollen.

drei
Wer das merkt und merkt, dass er/sie das sich merken soll, kriegt eine Angst und eine Wut.

vier
Das ist eine nicht ungefährliche Gemengelage schon für eine einzelne Seele, die nicht mehr weiss, bald nicht mehr wissen kann, ob sie verstummen oder schreien soll.

fünf
Aber man/frau duckt sich zuerst einmal, schaut um sich, ob das nun wirklich gilt, dass und was man/frau sich merken soll, ist sogar ein wenig froh, dass man/frau nicht allein ist, dass es die Fakten sind, die sich verändert haben, die Lage, der Standort, das Geld, das fehlt, das Klima, der Wettbewerb, der unausweichlich härter wird.

sechs
Dann sind wir so weit und haben begriffen, dass, wer schreit »bitte eintreten auf mich«, erstens schwach ist, zweitens uneinsichtig, drittens stört, dass die Fakten weiter sich verändern können, weil die das müssen.

sieben
Dann sind wir endlich erst das Volk, das immer Recht hat, weil es gemerkt hat, was gilt, das deshalb immer Recht hat und haben wird gegen alles Geschrei von Richtern, die auf eine Verfassung pochen, von Kirchen, die an Menschenrechte erinnern, als ob das Volk nicht die Instanz wäre, die einzige, Verfassungen zu ändern, Rechte denen abzusprechen, die in eine Not gerieten, an der – bitte – wir nicht Schuld haben.

acht
Die Angst aber bleibt – und die Wut, aber sie sind nun nicht mehr meine Angst und nicht mehr meine Wut, sie sind buchstäblich das Volk geworden.

neun
Frau/man könnte sich nun natürlich fragen, wie es zu all dem

hat kommen können, wenn doch, wie frau/man meinen könnte, Fragen das Allermenschlichste wäre.

zehn
Fragen aber muss auf jeden Fall verhindert werden, wenn die Fakten sich verändern können müssen, und wer da noch fragte, wem das nützt, wenn die Fakten ungehindert sich in ihre anscheinend unveränderbare Richtung verändern, verdichten, ja sich ständig selbst bewahrheiten, wie jedermann und jedefrau doch sehen könnte, ist schon ein Feind des Volks.

elf
Denn das Volk habe Feinde, innere, die aber bald mal schweigen würden, vor allem aber solche, die zu uns kommen von aussen, die nichts haben ausser sich, keine Beweise dafür, dass es sie gibt, dass sie Gründe haben, bei uns um Asyl zu bitten, da könne ja jeder kommen und keine Beweise haben und verlangen, dass unsereiner sich um ihre Not, wenn die denn überhaupt eine wäre, kümmern müsse.

zwölf
Da habe das Volk NEE zu sagen, Nicht-Eintretens-Entscheid, und es werde das auch sagen, weil es ja längst begriffen habe, dass nicht eingetreten wird auf irgendeinen, auf irgendeine, nur weil der, die schreie, man müsse auf ihn, auf sie eintreten; wo kämen wir hin?!

dreizehn
Wo sind wir schon hingekommen?, wäre die Frage, die immer und immer wieder in der Geschichte eines Landes sich dann stellt, wenn offensichtlich nicht mehr auf jemand eingetreten wird, weil er offensichtlich ein Mensch ist, der Menschenhilfe braucht; dann braucht es zivilen Ungehorsam gegenüber einem Volksstaat, der zu vergessen droht, dass er Staat nur sein kann für eine zivil sein wollende Gesellschaft.

1 Niggli/Frischknecht 1998, S. 466. Das umfangreiche Werk *Rechte Seilschaften* ist die bedeutendste Analyse des rechten Randes des politischen Spektrums in der Schweiz. Im Untertitel nimmt es Bezug auf das bekannte frühere Werk *Die unheimlichen Patrioten* von 1979 – und zeigt auf, was sich seit dem »Zusammenbruch des Kommunismus« in dieser Zone verändert hat.

2 Die *Aktion für eine unabhängige und neutrale Schweiz (AUNS)* wurde 1987 gegründet gegen einen Beitritt der Schweiz zur EG bzw. zur EU. Ihr Chef war, bis er Bundesrat wurde, der Zürcher Unternehmer, SVP-Nationalrat, Wortführer des populistisch agierenden Zürcher Flügels der Partei Christoph Blocher.

3 Niggli/Frischknecht 1998, S. 482. Der Schweizer *Leonhard Neidhart* ist Professor für Politikwissenschaft an der Universität Konstanz, forscht hauptsächlich über Fragen der schweizerischen Politik und gehört selbst zum bürgerlichen Lager, über dessen Uncouragiertheit er sich offensichtlich ärgert. Eine seiner Publikationen trägt den Titel *Plebiszit und plurale Demokratie.*

4 Nach Duden Staatsform, in der die Besitzenden, die Reichen die politische Herrschaft ausüben; Geldherrschaft. Zum Bonapartismus liest man nach wie vor mit grösstem Gewinn von Karl Marx *Der achtzehnte Brumaire des Louis Bonaparte*, MEW Bd. 8, S. 111–208.

5 Die Groteske streifte vor allem die Übung *Diamant.* Unter missbräuchlicher Verwendung eines nicht besonders geglückten Sonetts des Nationaldichters Gottfried Keller mit dem Titel *Eidgenossenschaft* glaubte man (vor allem Armee-Fetischisten, aber nicht nur) offenbar im Ernst, die Mentalität des Volks zurückbinden zu können an den Zeitpunkt, an dem die Heldengeschichte unserer Verschontheit begonnen hatte.

6 Schon bevor es aus-gekreist worden war, sogar im alten Jugoslawien mit seinen von der Schweizer Landwirtschaft geschätzten Landarbeitern und den billigeren Preisen an den Stränden auf der anderen Seite der Adria.

7 Blocher gehörte nie ganz zur alten bürgerlichen Riege, trotz seiner persönlichen Milliarde; die ›Bankgesellen‹ hatten es ihm relativ arrogant klar gemacht vor Zeiten, als er noch nicht drin war, sondern ein Aussenseiter.

8 In der gleichen Ausgabe der Zeitung, die Pelli (und den Freisinn) interviewte, gab Bundesrat Blocher staatsmännische Auskunft über alles, was er schon erreicht hat oder doch nahezu, und noch erreichen will. Da hat er dann unvermittelt nahezu grün-ökologisches Verständnis für die Bauern und ihre spezifisch schweizerische Qualität. Blocher hört genau hin, wo es allenfalls rumoren könnte.

9 Christoph Blocher hat es noch als Bundesrat vorgemacht, wie man sich konsequent nicht entschuldigt, selbst wenn man zu Unrecht Fremde diffamiert hat.

10 Weltwoche, Zürich, 15.5.1986.

11 Ich erinnere mich allerdings an eine Sitzung im Saal des *Coopi* in Zürich im Zusammenhang mit der neu gegründeten Zeitschrift *Einspruch*, an der Frisch teilnahm und dabei etwas sehr deutlich machte: Eine solche Zeitschrift könnte schon bald ein letzter Ort sein, an dem überhaupt »Einspruch« erhoben werden könnte gegen den grassierenden Glauben an »Sachzwänge«. Frisch sprach von durchaus denkbarer genereller »Zensur«.

12 Der Ausdruck stammt, so viel ich weiss, von Roman Brodmann (ein Jahr vor Max Frisch gestorben). Der Journalist, Filmer und Schriftsteller bezeichnete mit dem Ausdruck das, was man aus ihm immer wieder zu machen versucht hatte.

13 WochenZeitung, Zürich, 15.3.1991.

14 Zitiert nach DU, Zürich, 12/1991.

15 Die Sätze sind erschienen im Bulletin der sosf, Juni 2005, und in der Zeitschrift Neue Wege.

Kapitel vier
›Sans-papiers‹ – Anschluss an die Festung Europa

Solidarité sans frontières – der Zusammenschluss

Die Asylkoordination Schweiz wollte unbedingt, die BODS wollte nicht: Nachdem das Bundesparlament im Juni 1998 die Totalrevision des Asylgesetzes verabschiedet hatte – notabene die siebte Radikalverschärfung in weniger als 20 Jahren –, stellte sich erneut die Frage des Referendums. Die BODS war unterdessen in die Bürogemeinschaft Neuengasse 8 in Bern eingezogen, wo die Asylkoordination Schweiz seit längerem residierte. Die beiden Sekretariate mit Silvia Sommer, Salvatore Pittà, Gisela Grimm und mir hatten seit 1998 eine enge Zusammenarbeit begonnen. Die Differenzen um das Referendum liessen Spannungen zwischen den beiden Organisationen entstehen. Als die Asylkoordination das Referendum ergriff, war es für die BODS jedoch klar, dass sie dieses mit aller Kraft unterstützte. Das Referendumskomitee – es wurde hauptsächlich von der Asylbewegung getragen – gab sich ein Logo, das zwei Jahre später für den Zusammenschluss von AKS und BODS übernommen wurde. Ein Referendum durchzuführen ist kein Pappenstiel und war nur durch das Zusammenspannen aller Kräfte möglich. Aber auch die anschliessende Vereinigung der zwei Organisationen mit unterschiedlichem Profil war keine leichte Sache und erforderte einen langen Aushandlungs- und Verständigungsprozess. Die Asylkoordination Schweiz war auf Asylpolitik spezialisiert; die BODS hingegen engagierte sich für alle Menschen ausländischer Herkunft. Sie war ja auch die Erbin der aufgelösten *Arbeitsgemeinschaft Mitenand*. Für beide Seiten war es schwer, den eigenen Organisationsnamen und das eigene Image aufzugeben. Die unmittelbar bevorstehenden Aufgaben, wie die Abstimmungskampagnen gegen die 18%-Initiative von Philipp Müller im Herbst 2000[1] und gegen die

SVP-Asylinitiative im Herbst 2002[2], machten jedoch eine Bündelung der Kräfte dringend notwendig.

Gisela Grimm, die administrative Sekretärin, musste in einem Rieseneffort die Adressen der beiden Organisationen zusammenlegen. Am 31. März 2000 war es dann soweit: Die Verschmelzung der beiden Organisationen zu *Solidarité sans frontières* mit der Präsidentin Margrith von Felten wurde mit einer kleinen Feier besiegelt. Gewählt wurde ein dreissigköpfiger Vorstand, zusammengesetzt aus beiden Vorständen von AKS und BODS und ergänzt mit neuen Mitgliedern. Manfred Züfle hob als Namensstifter die Neugründung aus der Taufe. Unvergesslich ist den beiden Sekretärinnen der Stress kurz vor der Feierlichkeit: Ein Notruf von *augenauf Zürich* wegen einer frisch illegalisierten Mutter mit drei Kindern erforderte rasches Handeln. Bevor die Feier stieg, musste die Familie in Sicherheit gebracht werden. Das war wohl ein Omen: ›Sans-papiers‹ wurden im neuen Jahrzehnt migrations- und asylpolitisches Haupttraktandum – zuerst mit der dynamischen Sans-papiers-Bewegung und danach mit der offiziellen Asylpolitik, Asylsuchende zu illegalisieren.

Kurz vor der Gründung von *Solidarité sans frontières* hatten Ruth Metzler, die Vorsteherin des Justiz- und Polizeidepartements, und Jean-Daniel Gerber, der damalige Direktor des Bundesamtes für Flüchtlinge (BFF), ein verhängnisvolles Papier herausgegeben: *Finanzierung Asylwesen* propagierte in neoliberaler Manier, wie mit »negativen Anreizen« Asylsuchende zur Mitwirkung an ihrer Ausschaffung gezwungen werden könnten. Das Recht auf Arbeit sollte gemäss dem Papier nur noch denjenigen Asylsuchenden zustehen, die bei der Beschaffung ihrer Reisedokumente mit den Behörden kooperierten. Solche »Optimierungsgedanken« zur Vollzugspraxis mit den menschenunwürdigen »Anreizsystemen« wurden vorübergehend fallen gelassen, aber drei Jahre später in noch schärferer Form als Sparpaket wieder aufgenommen. Diesmal sollte nicht mit Arbeitsverbot sondern mit Illegalisierung und Sozialhilfeentzug bestraft werden, wer mit den Behörden bei der Papierbeschaffung nicht erwartungsgemäss kooperierte.

Die Sans-papiers-Bewegung

Mit einer Motion *Amnestie für Papierlose* vom 9. Dezember 1997 hatte die damalige SP-Nationalrätin Angeline Fankhauser die Sans-papiers erstmals in einer breiteren Öffentlichkeit thematisiert. Dabei griff sie auf die Vorarbeit von Migrantinnenorganisationen anlässlich der Vierten UNO-Weltfrauenkonferenz von 1995 und auf die Sans-papiers-Aktionen in Lausanne rund um Michel Dolivo zurück. Die Motion wurde von 111 RätInnen, unter ihnen die zwei späteren Bundesräte Couchepin und Deiss, mitunterzeichnet und 1999 vom Nationalrat als Postulat überwiesen. Angeline Fankhauser hatte sich 1998 mit rund 40 NGOs zusammengetan, welche sich für eine Legalisierung von Sans-papiers stark machten. Doch ausser ein paar nationalen Koordinationssitzungen, einigen regionalen Sans-papiers-Unterstützungsgruppen und einem langen Kampagnenpapier warf dieser erste Zusammenschluss keine grossen politischen Wellen. Man hing, nicht zum ersten und letzten Mal, der Illusion an, mit einem umfassenden, zu Papier gebrachten Bekenntnis zum gemeinsamen Handeln zu motivieren. Doch die Verpflichtung auf Einigkeit bremste den Aufbruch ab.

Dieser fand erst statt, als sich in Lausanne und Fribourg Sans-papiers im Frühjahr 2001 selbst zusammenschlossen, sich zu Wort meldeten und gemeinsam mit Unterstützenden Kirchenbesetzungen durchführten. Seit der Kirchenbesetzung am 24. April 2001 in Bellevaux machten Sans-papiers in den Westschweizer Medien fast täglich Schlagzeilen. Die ihnen entgegenströmende Sympathie und Solidarität aus der Bevölkerung waren überwältigend. Unverhofft war eine neue Bewegung entstanden, die beflügelte und ungeahnte Kräfte freisetzte.

Wie in den 80er Jahren spielte sich ein basisdemokratischer Prozess des zivilen Ungehorsams ab. Fast jeden zweiten Tag fand in der Westschweiz eine Aktion oder eine Sitzung statt, an denen Delegationen anderer Kantone teilnahmen. Damals führte die Bewegung einmal wöchentlich eine gut besuchte nationale Koordinationssitzung durch – Sandra Modica vom Centre de Contact Suisse(Ess)s Immigré(e)s Fribourg war die effiziente, allseits geschätzte Koordinatorin. Jeder weitere politische Schritt wurde in Vollversammlungen diskutiert, wobei das Wort von Sans-papiers grosses Gewicht hatte.

Natürlich war auch Angst vor den behördlichen Gegenschlägen vorhanden, vor allem auf Seiten der Sans-papiers. Sie riskierten mit ihrer Öffentlichkeitsarbeit die eigene Existenz. Die Fribourgische Kirchenleitung liess im August 2001 die Kirche Saint-Paul polizeilich räumen. Aber weitere Besetzungen folgten: Im August 2001 in La Chaux-de-Fonds, im September 2001 in Bern und im Oktober 2001 in Basel-Stadt. Der Kitt unter den lokalen Bewegungen war ausserordentlich stark. Am 24. November, zwei Tage vor der Wintersession im Bundeshaus, fand in Bern eine grosse und bunte Sans-papiers-Demo mit über 6000 TeilnehmerInnen statt.

Die Bundesbehörden reagierten zuerst mit Schweigen. Schliesslich fand am 10. Dezember 2001 im Nationalrat eine Debatte zu zahlreichen Vorstössen zugunsten und vereinzelten gegen Sans-papiers statt. Nur gerade zwei Vorstösse wurden als Postulat überwiesen, darunter das Begehren von Doris Leuthard, der jetzigen Bundesrätin, die ›Härtefallklausel‹ für Sans-papiers zu konkretisieren. Selbst Regine Aepplis Vorschlag, die Frage an einem grossen runden Tisch zu diskutieren, wurde abgelehnt. Doris Leuthard hat sich nach der Debatte vom Thema Sans-papiers verabschiedet, war es doch eines, an welchem frau sich leicht die Finger verbrennen konnte. Seither hat sie sich auf die Seite der vehementen AsylverschärferInnen geschlagen.

Für die Sans-papiers-Bewegung, vor allem die Sans-papiers selbst, bedeutete das parlamentarische Verdikt eine grosse politische Niederlage. Kurze Zeit darauf erschien das Rundschreiben von Bundesrätin Metzler, das den kantonalen Fremdenpolizeien eine nähere Prüfung von Sans-papiers-Eingaben unter sehr restriktiven Bedingungen nahe legte. Wiewohl die Sans-papiers-Bewegung sich klar für eine umfassende kollektive Regulierung aussprach und sich höchst widerwillig auf die restriktive Einzelfallprüfung der Behörden einliess, nahm sie die Arbeit, individuelle Gesuche zu verfassen, auf. Wieder einmal verausgabten sich die Bewegten in der Einzelfallhilfe. Über 1800 Sans-papiers, ein winziger Teil aller in der Schweiz lebenden und arbeitenden Sans-papiers, konnten danach legalisiert werden. Dabei ist festzuhalten, dass die grosse Mehrheit der Legalisierten in den Westschweizer Kantonen lebte. Die Deutschschweizer Fremdenpolizeien drückten sich – mit Ausnahme der Bernerischen – vor einer nennenswerten Aufnahmeregelung. Mit der Wahl Christoph Blochers in den Bundesrat nahmen Einzelfallregelungen auf Bundesebene drastisch ab. Mehr noch: Illegalisierung von Asylsuchenden wurde zum probaten Mittel, um die Zahl der Asylsuchenden statistisch massiv zu senken.

Keine Zuckerbrötchen mehr

Balthasar Glättli übernahm die Sekretariatsstelle bei *Solidarité sans frontières* im Herbst 2003, kurz vor den eidgenössischen Wahlen und Christoph Blochers Antritt als Bundesrat. Nach den Parlamentswahlen und der Ablösung der CVP-Amtsvorsteherin im EJPD durch die SVP gab es nur noch Peitschenhiebe im Ausländer- und Asylbereich. Zuvor war bei den Asylgesetzrevisionen bisweilen ein Zuckerbrötchen unter die Verschärfungsschläge gemischt worden, wie beispielsweise die Einführung einer Asylrekurskommission in der Revision von 1990, die (nie praktizierte) Aufnahmeregelung für Gewaltflüchtlinge (für die so genannten Schutzbedürftigen) in der Totalrevision von 1998 und die humanitäre Aufnahme anstelle der vorläufigen Aufnahme in der jüngsten Asylgesetzrevision, die bereits 2001 begann. Die Zuckerbrötchen vermochten oft – und das war ihr Zweck – einem Teil der Asylbewegung und der Linken den Mund zu stopfen. Aber auch ausserhalb der Gesetzesrevisionen führten sie zu Spaltungen. So profitierten bei der »Humanitären Aktion 2000« neben den lange anwesenden TamilInnen auch Kosovo-AlbanerInnen. Die ethnischen Minderheiten Kosovos hingegen hatten die Schweiz zu verlassen. Oder das ›Rundschreiben Metzler‹ zu den Härtefallregelungen brachte für rund 1800 Sans-papiers ein Bleiberecht. Für die restlichen rund 200'000 blieb die Lage prekär oder verschlechterte sich sogar, wenn sie erfolglose Eingaben gemacht hatten. Die 2001 eingeleitete Asylgesetzrevision verhiess eine Besserstellung der vorläufig Aufgenommenen und veranlasste die Ratslinke, auf die bundesrätlichen Vorschläge einzuschwenken. Mit diesen Vorschlägen in der Gesetzesbotschaft vom September 2002, die eine verschärfte Drittstaatenregelung[3] vorsah, wurde die SVP-Asylinitiative in der Abstimmungskampagne im Spätherbst 2002 bekämpft. Nach den Parlamentswahlen von 2003 jedoch wurden die Anliegen der bisher abgelehnten SVP-Asylinitiativen in den Gesetzesentwurf aufgenommen. Und: Das Zückerchen der humanitären Aufnahmen wurde ohne viel Aufhebens aus dem Entwurf gekippt, die Illegalisierungsregel auf alle negativ entschiedenen Asylsuchenden ausgedehnt. Die Ratsrechte und ihre Bundesräte hatten es nicht mehr nötig, die geringsten Zugeständnisse an die Ratslinke, die Kirchen, die Hilfswerke und an kritisierende Rechtsexperten zu machen. Das Flüchtlingsamt mitsamt den Asyljuristen wurde innerhalb kurzer Zeit wegsaniert. Kaum ein Beamter wagte es, sich dem Chef Christoph Blocher in den Weg zu stellen.

Eine ähnliche Kehrtwende nahm das Ausländergesetz (AuG), das sich zum Sondergesetz für Nicht-EU-Angehörige entwickelte. Ende der 90er Jahre setzten sich NGOs und Gewerkschaften mit den ersten Entwürfen zum AuG auseinander. Im Jahr 2000, als das von der Wirtschaft erwünschte EU-Personenfreizügigkeitsabkommen ohne viel Aufhebens von der Schweizer Stimmbevölkerung gutgeheissen wurde, fand die Vernehmlassung statt. Unzählige NGOs, auch MigrantInnenorganisationen, beteiligten sich daran[4] und bekämpften das ›duale Migrationssystem‹ – die Schaffung eines repressiven Sondergesetzes für Nicht-EU-Angehörige neben dem EU-Freizügigkeitsabkommen. 2002 veröffentlichte der Bundesrat die Botschaft zum AuG. Schon das damalige Konzept beruhte auf der Vorstellung, nur eine kleine Elite aus Nicht-EU-Ländern zuzulassen, diese aber rechtlich besser zu stellen als die JahresaufenthalterInnen. Die meisten Rechtsansprüche und Vereinfachungen fielen nach den Wahlen vom Oktober 2003, die dem SVP-Kurs massiven Auftrieb verliehen, aus dem Entwurf. Der einst bekämpfte und nun als Nationalrat gewählte Ausländerbegrenzer Philipp Müller galt in der offiziellen Politik plötzlich als Migrationsexperte. Er schrieb gleich nach seiner Wahl den AuG-Entwurf im Sinne seiner im Jahr 2000 verworfenen 18%-Initiative um und reichte eine Flut neuer Vorschläge zur Beschränkung des Familiennachzugs und des Aufenthaltsrechts ein. Nicht wenige seiner Vorschläge wurden von den Räten aufgenommen. Schnöde hingegen wurden die feministischen Forderungen an die Migrationspolitik übergangen. Diese Forderungen, die insbesondere von Migrantinnenorganisationen erhoben worden waren, beruhen auf einem Selbstbestimmungsrecht der Frauen und auf Rechtsansprüchen, um die einseitige Abhängigkeit der Migrantinnen von Ehemännern, Arbeitgebern, Freiern und Fremdenpolizeien aufzuheben.

Am 17. Dezember 2005, einen Tag, nachdem das Bundesparlament die beiden Gesetzesverschärfungen verabschiedet hatte, trafen sich die Bewegten aus dem Asyl- und Migrationsbereich zu den von Solidarité sans frontières organisierten *Etats généraux* und stimmten sich auf einen nachhaltigen Widerstand ein. Wie immer, wenn sich zahlreiche neue und alte AktivistInnen aus allen Regionen versammelten, verbreitete sich ein Gefühl der eigenen Stärke.

Gegenbewegung

Die arrogante Machtausübung im Asylbereich – insbesondere seit 2004 – stiess immer mehr Menschen vor den Kopf. Die Asyl- und Sans-papiers-Bewegung an der Basis verzeichnete starken Zulauf, obwohl ihre Arbeit durch die veränderten Gesetze zunehmend illegalisiert wurde. Widerstand jeder Art erforderte wiederum Bereitschaft zu zivilem Ungehorsam. Die verschiedenen Basisgruppen in Lausanne, wie ›En 4 ans on prend racine‹ und SOS-Asile Vaud, vermochten weite Bevölkerungskreise für eine Legalisierungspolitik zu gewinnen, so dass im Jahr 2004 halb Lausanne auf die Barrikaden stieg, um die Ausweisung von 523 Personen zu verhindern. Mit ihren unablässigen Aufrufen, Petitionen und Strassenaktionen unter dem Slogan »zéro renvoi« haben sie ihren Widerstand nie erlahmen lassen. Beispielsweise konnten sie mit der eintägigen Besetzung des historischen Museums am 27. Juni 2003, das eine Ausstellung zu Migration zeigte, die Öffentlichkeit auf eindrückliche Art erreichen. Mit konkreten Migrationsgeschichten ergänzten sie das abstrakte Thema der Ausstellung. Im Jahr 2004 trat der SP-Polizeidirektor Pierre Chiffele erschöpft zurück. Ihm folgte der SVP-Mann Jean-Claude Mermoud, der in Blocher'scher Manier aufräumen und seinem Kanton migrationspolitischen Gehorsam beibringen wollte. Doch er stiess auf den erbitterten Widerstand nicht nur der Asylbewegung, von Hilfswerken und Kirchen, sondern auch der Kulturschaffenden, Intellektuellen, ParlamentarierInnen und von weiteren Bevölkerungskreisen. Mermoud agierte als verlängerter Arm Blochers, aber es gelang ihm nicht, hart durchzugreifen. Die persönlichen Geschichten der ›523 réfugiéEs déboutéEs‹ waren über die zahlreichen Petitionen und Aufrufe sowie Medienberichte der Bevölkerung so vertraut geworden, dass sie sich mit überwältigender Solidarität für die Abgewiesenen engagierten. Mermoud wandte vergeblich die altbewährten Einschüchterungsmethoden an: die Abgewiesenen mit stets neuen, kurzen Ausschaffungsfristen mürbe zu machen, ihnen mit Arbeitsverboten die Lebensgrundlagen zu entziehen, die Gruppe der ›523‹ in Einzelkategorien aufzuspalten oder Einzelne unter ihnen als Kriminelle zu diffamieren. Der Widerstand dauerte an. Unterdessen ist es gelungen, einen beachtlichen Teil der 523 Abgewiesenen mit dem ›Rundschreiben Metzler‹ zu legalisieren.[5]

Die Asylbewegten der anderen Kantone blickten voller Bewunderung auf den ungebrochenen Elan im Kanton Waadt. Doch auch in Genf errang die Sans-papiers-Bewegung Anfang

2005 einen Etappensieg: Nachdem ein breites Bündnis Tausende von Sans-papiers-Dossiers zusammengestellt und bei PolitikerInnen aller Parteien gründlich lobbyiert hatte, sprachen sich Parlament und Regierung für eine – allerdings einmalige – Legalisierung der als Hausangestellte beschäftigten Sans-papiers aus.[6]

Unverhofft entstand auch in der Ostschweiz eine starke Solidaritätsbewegung: Das im November 2004 von 32 Personen gegründete Solidaritätsnetz schwoll innerhalb von vier Monaten auf 500 Mitglieder an und legte auch nachher kräftig zu.[7] Die Solidaritätsnetze in mehreren Deutschschweizer Kantonen engagierten sich für die neuen Illegalisierten aus dem Asylbereich, die nur noch minimale Nothilfe erhielten und von der Polizei unablässig mit Haftstrafen wegen illegalem Aufenthalt bestraft wurden. Die Demütigungen gegenüber den Ausgegrenzten erfuhren die BasisaktivistInnen teilweise am eigenen Leib, beispielsweise indem sie sich in einem Ostschweizer Gefängnis bei der Eingangskontrolle bis auf die Unterwäsche entkleiden mussten, damit sie einen Ausschaffungshäftling in einem Raum ohne Trennscheibe sprechen durften. Es gab jedoch auch Gefängnisbeamte, welche die neue Illegalisierungsregel unverhältnismässig fanden und den im Gefängnis gestrandeten illegalisierten Asylsuchenden viel Verständnis entgegenbrachten.

Die ehrenamtlichen RechtsvertreterInnen an der Basis mussten sich notgedrungen zu Barfussjuristinnen im Strafrecht mausern und begannen, die illegalisierten Asylsuchenden in Haftrichterverhandlungen und Strafverfahren zu vertreten – eine ausserordentlich aufwändige Arbeit für Nicht-AnwältInnen. Sie können keine Akten bestellen, sondern müssen sie an Ort einsehen. Meistens liegen die Akten an vier oder fünf verschiedenen Orten verstreut. Indem die Aktenstücke an verschiedenen Orten gelagert sind, weiss die eine Behörde nicht, was die andere tut. In mühsamer Puzzlearbeit entdeckten BasisaktivistInnen viel Ungereimtes und auch unrechtmässige Strafen.

Grenzgang gegen Schengen/Dublin

Es war der heisseste Tag im Jahr 2002, als sich 2000 Personen im Dreiländereck bei Basel schwitzend auf den grenzüberquerenden Strassen von der Schweiz ins Elsass und nach Südbaden bewegten. Der acht Kilometer lange Marsch führte durch ödes Industriegelände und endete vor dem Schweizer Ausschaffungsknast am Grenzübergang Otterbach. Unter den Marschierenden befanden sich viele Asylsuchende und Sans-papiers. Es war Schweizer Flüchtlingstag, und auf der Rütliwiese hielt der BFF-Direktor auf Einladung der Schweizerischen Flüchtlingshilfe eine Ansprache. Der Flüchtlingstreck über die drei Landesgrenzen hielt vor allen Grenzkontrollinstitutionen und Abschiebeeinrichtungen, versorgte sich mit Wasser und lauschte den Erläuterungen der RednerInnen. Besonderen Zorn erweckte zuletzt das mit unzähligen Gitter- und Stacheldrahtzäunen unter der Sommersonne gleissende Ausschaffungsgefängnis am Grenzübergang Otterbach zwischen der Schweiz und Deutschland. Die Menge begann rhythmisch gegen die metallenen Sicherheitseinrichtungen zu pochen – es entstand ein höllisches Konzert. Die Dreiländerdemo, zu der 80 Menschenrechtsorganisationen aus dem Dreiländereck aufgerufen hatten, richtete sich gegen das auf Migrationsabwehr angelegte Grenzregime. Die Schweiz stand damals nicht nur zwei Jahre vor der Abstimmung über den Beitritt zum Schengener Grenzabkommen, sondern auch drei und vier Jahre nach den bilateralen Abkommen zur Migrationsabwehr mit Frankreich, Italien, Deutschland und Österreich. Die Vertragspakete umfassten Rückübernahmeabkommen, vereinfachte Rechtshilfe und die polizeiliche Zusammenarbeit. Diese Verträge mit Deutschland und Österreich gingen weit über die Standards des Schengener Abkommens hinaus.[8] Seit den 80er Jahren hatten Marie-Claire Caloz-Tschopp[9], Beat Leuthardt[10], Nicky Busch[11] und insbesondere Heiner Busch[12] – als Rufer in der Wüste – vor den rasch zunehmenden Strukturen einer vernetzten Überwachung und Polizeirepression und vor der Aufrüstung der Festung Europa gewarnt.

Der Dreiländerdemo waren viele Diskussionen und Veranstaltungen zu Schengen/Dublin in verschiedenen Städten vorausgegangen, und die solidarische Zusammenarbeit über die Grenzen eröffnete den MenschenrechtsaktivistInnen neue Perspektiven, die später leider zu wenig genutzt wurden. Vermutlich war die unmittelbare Bedrohung zu wenig sichtbar und meistens nur denjenigen richtig bewusst, die persönlich in eine Polizei-Überwachungsfalle geraten waren. SP und Grüne befürworteten 2004 den Schengener Beitritt – zur grossen Enttäuschung der MenschenrechtsaktivistInnen und von *Solidarité sans frontières*. Wenn das eigene Umfeld der repressiven Seite in die Hände spielt, ist dies besonders schmerzlich.

MigrantInnen und Asylsuchende waren schon vor der Fichenaffäre die datenmässig am stärksten erfasste Bevölkerungsgruppe. Sie sind es auch heute noch. Im neuen Asyl- und Ausländergesetz wird Datenschutz lediglich als Behinderung des behördlichen Auftrags zur Ausschaffung betrachtet, die es zu beseitigen gilt. Die Gesetze sichern die Ermächtigung der Behörden, weit reichende und sensible Daten zu erheben, zu bearbeiten, zu speichern und an andere Behörden, auch im Aus- und Herkunftsland, weiterzugeben. Die Erfassung biometrischer Daten war im Vorentwurf zum Ausländergesetz noch nicht enthalten, wurde jedoch nach dem 11. September 2001 mehrfach in den Gesetzestext eingefügt. Dieser staatliche Eingriff in die Persönlichkeitsrechte hat unterdessen neue Dimensionen erreicht: Der Schweizer Pass von 2006 ist ebenfalls mit biometrischen Daten ausgerüstet. Neue präventive Staatsschutzgesetze dehnen den Überwachungsstaat ohne nennenswerte Beschränkungen auf weitere Bevölkerungskreise aus. Mit dem Referendum gegen das so genannte ›Hooligangesetz‹ hat sich der – leider erfolglose – Widerstand einer Jugendgruppe formiert, die bis anhin wenig mit Menschenrechten anfangen konnte: die Fussballfans.

Seit Ende der 90er Jahre verfolgte das EJPD fast besessen die Abschlüsse von bilateralen Rücknahme-Abkommen mit möglichst vielen Ländern, aus denen Menschen in die Schweiz flüchteten und migrierten. Zwar konnten Rücknahme-Abkommen nicht nur mit EU-Staaten, sondern auch mit Armenien, Bosnien-Herzegowina, Serbien-Montenegro, Philippinen abgeschlossen werden.[13] Das mit viel Publicity angestrebte Transitabkommen mit Senegal im Jahr 2003 scheiterte jedoch dank der engen Zusammenarbeit zwischen *augenauf Zürich, Solidarité sans frontières* und den senegalesischen Menschenrechtsorganisationen WARIPNET und RADDHO. Unter dem Druck der Strasse musste sich die senegalesische Regierung am 3. März 2003 von dem mit Bundesrätin Metzler eingeleiteten Abkommen zurückziehen. Für einen grossen Teil der Bevölkerung in armen Ländern sind die Geldüberweisungen ihrer emigrierten Angehörigen das wichtigste Einkommen: Die Weltbank schätzt, dass sie jährlich weltweit mindestens 250 Milliarden US-Dollar in die Südländer überweisen, und stellt fest, dass die Remissen die Armut erheblich zu lindern vermögen. Sie führen zu einer höheren Einschulungsrate und mindern frühzeitige Schulabgänge – insbesondere bei den Mädchen –, und sie vermindern die Kinderarbeit.[14] Für viele Südländer stellen die Lohnüberweisungen der EmigrantInnen eine bedeutende Einkommensquelle dar, weshalb sie wenig interessiert an der von den Zuwanderungsländern geforderten Rücknahme ihrer Staatsangehörigen sind. Die Einwanderungsländer, und mit ihnen die Schweiz, setzen dagegen viel Zuckerbrot und auch Peitsche gegenüber den Regierungen der Südländer ein, um die Auslagerung ihrer Asyl- und Migrationsprobleme in die Herkunftsregionen voranzutreiben. Diese Politik wird jedoch, seit dem senegalesischen Debakel im Jahr 2003, in der Schweiz unter grösster Geheimhaltung betrieben.

Im ersten Jahrzehnt im neuen Jahrtausend haben die Regierungen der reichen Länder den Kalten Krieg mit neuen Strategien aufgenommen – gegen den verarmenden Teil der Bevölkerung im Süden und im Süden des Nordens sowie gegen die Unteilbarkeit und Universalität der Menschenrechte.

1 Die von einem überparteilichen, rechtsbürgerlichen Komitee getragene Volksinitiative »für eine Regelung der Zuwanderung« verlangte vom Bund, die ausländische Bevölkerung in der Schweiz eine Quote von 18% nicht übersteigen zu lassen. Die Initiative wurde am 24.9.2000 verworfen.

2 Die SVP-Asylinitiative »gegen Asylmissbrauch« wurde am 24.11.2002 knapp verworfen. Sie beinhaltete eine Drittstaatenregelung, die ein Eintreten auf Asylgesuche von Flüchtlingen, die über einen Drittstaat einreisen, ausschloss. Der Inhalt dieser Initiative wurde anschliessend in die laufende Asylrevision aufgenommen.

3 Auf das Gesuch von AsylbewerberInnen, die über einen so genannten sicheren Drittstaat einreisen, soll nicht mehr eingetreten werden.

4 Sosf-Doku: Zum Entwurf des neuen AusländerInnengesetzes. 17 Stellungnahmen gegen ein Konzept der Ausgrenzung und für ein Konzept der Gleichstellung, Bern, Dezember 2000.

5 www.asile.ch/vivre-ensemble Vaud: mobilisation contre les renvois des anciens cas.

6 Extrait du point presse du Conseil d'Etat de la République et Canton de Genève vom 19.1.2005.

7 Siehe www.solidaritätsnetz.ch.

8 Heiner Busch: Schengen und die Schweiz. Dossier auf www.sosf.ch.

9 Siehe Caloz-Tschopp 1993 sowie Caloz-Tschopp 1994.

10 Siehe Leuthardt 1994.

11 Siehe Nicholas Busch 1994. Nicholas Busch, der seinen letzten Lebensabschnitt in Nordeuropa verbrachte, gab bis zu seinem Tode eine Zeitschrift *Fortress Europe?* heraus.

12 Heiner Busch ist Mitarbeiter von Sosf und Redaktor der Zeitschrift *cilip*. Siehe Busch 1995.

13 Übersicht über die von der Schweiz abgeschlossenen Rücknahmeabkommen, www.bfm.admin.ch, Stand März 2006.

14 World Bank – Global Economic Prospects (GEP), report for 2006.

»Der Asylbereich ist immer ein sozialpolitisches Versuchslabor gewesen«

Ein Gespräch zwischen Sibel Arslan, Balthasar Glättli, Annemarie Sancar, Christophe Tafelmacher und Catherine Weber zum vorliegenden Buch *Die Fremdmacher – Widerstand gegen die schweizerische Asyl- und Migrationspolitik*. Das Gespräch, geleitet von Willy Spieler, fand am 12. Juli 2006 statt.

Spieler: Das Buch *Die Fremdmacher* erscheint nicht zufällig vor der Abstimmung über das Doppelreferendum gegen das neue Asyl- und Ausländergesetz. Aber es will zweifellos über dieses Datum hinauswirken, blendet ja auch weit hinter dieses Datum zurück. Balthasar Glättli, welche Erwartungen verbindet *Solidarité sans frontières* als Herausgeberin mit diesem Buch?

Glättli: In unseren Kreisen wird immer wieder die Frage zitiert: Haben wir nichts gelernt aus der Vergangenheit? Man nimmt dabei beispielsweise Bezug auf die Flüchtlingspolitik im Zweiten Weltkrieg. Dieses Buch ist eine Chance, die Frage auch anders zu stellen – nämlich im Hinblick auf unsere eigene Bewegung oder unsere eigenen Bewegungen. Denn das Buch zeigt eine lebendige Geschichte des Widerstands, die keine lineare Geschichte ist, sondern eine voller Widersprüche und interner Auseinandersetzungen. Es ist wichtig, anlässlich des Jubiläums von *Solidarité sans frontières*, respektive ihrer Vorgängerorganisationen *Bewegung für eine offene, demokratische und solidarische Schweiz (BODS)* und *Asylkoordination Schweiz (AKS)* den Rückblick oder die Geschichte als ein Werkzeug für alle Engagierten zu vermitteln. Unsere Erwartung an dieses Buch war eine Reflexion von Vergangenem, um Zukünftiges klarer ins Auge zu fassen. Denn *Solidarité sans frontières*, und da war Anni Lanz führend dabei, hat versucht, die verschiedenen Bewegungen zusammenzuführen.

Wir haben zudem den politischen Entscheid getroffen, uns mit der Kampagne *Ohne uns geht nichts* nicht nur auf einen Verteidigungskampf gegen immer neue Verschärfungen zu konzentrieren, sondern unter Engagierten der West- und Deutschschweiz, unter direkt Betroffenen und Solidarischen, unter AusländerInnen und SchweizerInnen gemeinsame Positionen für die Zukunft zu entwickeln und damit wieder etwas offensive Kraft zu gewinnen. Wenn man dies erfolgreich tun will, muss man sich seiner eigenen Geschichte bewusst werden.

Teilnehmerinnen und Teilnehmer

Sibel Arslan ist Jus-Studentin in Basel und vertritt BastA! im dortigen Stadtparlament. Sie ist Seconda und vor fünfzehn Jahren in die Schweiz gekommen.

Balthasar Glättli ist politischer Sekretär von Solidarité sans frontières (Sosf), Co-Präsident der Grünen des Kantons Zürich und Mitglied der stadtzürcherischen Legislative.

Annemarie Sancar ist Ethnologin und Migrationsexpertin, war früher Mitarbeiterin beim Christlichen Friedensdienst cfd und Dozentin an der Hochschule für Soziale Arbeit Luzern. Bis 2004 war sie für das Grüne Bündnis im Berner Stadtparlament, das sie auch einmal präsidiert hat.

Christophe Tafelmacher ist Anwalt und Buchautor, betreute Asyldossiers von SOS-Asile Vaud, war dann für den Flüchtlingsdienst des HEKS und für den Service d'Aide juridique aux Exilés (SAJE) tätig; heute wirkt er in einem Lausanner Anwaltskollektiv.

Catherine Weber ist Geschäftsführerin der Demokratischen Juristinnen und Juristen der Schweiz (DJS) sowie Gewerkschaftssekretärin des vpod-ngo. Von 1989 bis 1998 war sie Sekretärin des Komitees *Schluss mit dem Schnüffelstaat!*

Willy Spieler ist Publizist mit Schwerpunkt Sozialethik. Seit 1977 Redaktor der *Neuen Wege – Zeitschrift des Religiösen Sozialismus*. 1982–1990 Sozialvorstand der Zürcher Vorortsgemeinde Küsnacht. 1991 bis 2001 Zürcher Kantonsrat, ab 1996 Präsident der Sozialdemokratischen Fraktion.

Spieler: Unser Gespräch hat den Sinn, die in diesem Buch begründete These, dass Fremdsein ein Konstrukt der »Fremdmacher« sei, zu diskutieren und allenfalls zu vertiefen. Manfred Züfle zieht einen weiten Bogen von den fremd gemachten InländerInnen ohne Schweizerpass bis zur Ausgrenzung der 80er-Jugendbewegung. Der Bogen irritiert aufs erste in einem Buch, das sich gemäss Untertitel *Widerstand gegen die schweizerische Asyl- und Migrationspolitik* nennt. Catherine Weber zieht einen analogen Bogen von der Asylverhinderung zum Fichenstaat, wenn sie auf der Homepage der Demokratischen JuristInnen Schweiz schreibt, es gelte »elementare Grundrechte wie das Recht auf Asyl oder das Recht auf Überwachungsfreiheit konsequent einzufordern«.

Weber: Ja, das ist so: Man müsste den Bogen weiter ziehen, von der 80er-Bewegung hin zum Fichenskandal und all denjenigen Organisationen, die damals überwacht worden sind. Man müsste den Bogen bis heute schlagen und sich fragen, unterscheiden sich die heutigen Feindbilder – die Erwerbslosen, Fussballfans, Muslime – von den damaligen? Die Fremdmacher sind ja auch die Feindbildmacher. Es sind immer dieselben Kreise, die Gesetze verschärfen – sei es im Asyl- und Migrationsbereich, sei es im Erwerbslosenbereich, oder generell im sozialen Bereich. Es sind dieselben Kräfte, die uns Jahrzehnte lang überwacht haben und die uns heute noch überwachen lassen. Der Fichenskandal ist ein wichtiger Fixpunkt in unserer Geschichte und hat uns deutlich gezeigt, welche Feindbilder vorhanden sind. Lange waren es die Kommunisten, die italienischen Fremdarbeiter, später waren es die Asylsuchenden, die Flüchtlinge aus der Türkei, aus Chile, bis hin zur Antiglobalisierungsbewegung der jüngsten Jahre – auch die gehören zu diesem Bogen, auch sie werden heute ausgegrenzt. Der Kampf für die Rechte der Asylsuchenden und MigrantInnen steht für mich im Kontext des Kampfes gegen den generellen Abbau der Grundrechte in diesem Land.

Spieler: Von Simone de Beauvoir stammt der Satz, frau werde nicht als Frau geboren, sondern zur Frau gemacht. Was bedeuten »Fremdmacher« für den feministischen Diskurs, insbesondere wenn es um Migrantinnen geht?

Sancar: Man kann diese Frage auf der Ebene der Präsentationen oder Repräsentationen angehen, wo es darum geht, hinter die Bilder zu schauen, die in den Schriften, in den Medien produziert werden. Die Bilder von Migrantinnen als Verkörperung der fremden Kultur, des südlichen Wesens, des Mütterlichen oder des Ideals. Ich habe soeben einen Vortrag in Cuba gehalten über schweizerische Vorstellungen von der Latina, wie sie als Inbegriff der Weiblichkeit repräsentiert wird. Das Schwierige dabei ist, dass es in einer biologisierenden und naturalisierenden Weise repräsentiert wird, dass man den Migrantinnen den Subjektanspruch entzieht und ihnen unterstellt, dass sie als Objekt in ihrem kulturellen Kontext gefangen und nicht in der Lage sind, selber über ihre Individualität zu reflektieren. Die andere Ebene ist diejenige der strukturellen Ausgrenzung, diejenige des Fremdmachens, das ihre Ausgrenzung durch diese Bilder auf eine strukturelle Weise ermöglicht und legitimiert. Wir können die Migrantinnen so als Dienstmädchen anstellen, müssen sie nicht so gut bezahlen, weil es zu ihrem Wesen gehört, dass sie die Hausarbeit gerne machen. Es handelt sich um eine strukturelle Form der Diskriminierung, die in unserer Gesellschaft ohne Legitimation möglich ist. Ich verknüpfe die Legitimationsgewalt dieser Bilder über das fremde Wesen der MigrantInnen mit Ausgrenzungsmechanismen in unserer Gesellschaft. Damit wird Ungleichheit als natürlich und biologisch dargestellt.

Spieler: Wer hat diese Definitionsmacht?

Sancar: Der Sinn dieses feministischen Ansatzes ist, genau hinzuschauen, wo, wann, welche Definitionsmacht konstruiert wird und wo welche Bilder sich durchsetzen. Der Arbeitsmarkt hat in den letzten 50 Jahren eine kulturalistisch legitimierte Diskriminierung reproduziert, in der das Fremdsein an sich der Diskriminierung Vorschub leistet.

Spieler: Der Arbeitsmarkt als struktureller Fremdmacher?

Sancar: Ja. Auch die Medien. Der jüngste Fall der Mongolin Solongo ist ein Beispiel, wie Einzelfälle in negativer oder positiver Richtung exotisiert und gemäss medialer Abmachung ausgegrenzt oder positiv diskriminiert werden.

Spieler: Sibel, wie fremd gemacht fühlt sich eine Seconda? Du bist für BASTA! Mitglied des Stadtparlaments von Basel. Bedeutet die Wahl in ein Parlament ein Stück Rücknahme dieser Fremdmachung – ein Stück »Ent-Fremdung«?

Arslan: Wie aus dem Wort Seconda ersichtlich wird, bin ich nicht primär fremd sondern sekundär fremd. Als Seconda ist man integriert, kann die Lokalsprache sprechen, ist hier aufgewachsen undsoweiter. Bei einer Seconda geht man davon aus, dass sie die Strukturen und Lebensbedingungen hier kennt. Deshalb gilt eine Seconda als eine viel mildere Fremde.

Spieler: Du hörst das Wort nicht gerne?

Arslan: Ich höre es gerne und spiele damit. Aber es beinhaltet immer noch dieses Fremdsein. Man kommt als Zweite an die Reihe.

Spieler: Ist das deine Rolle im Stadtparlament?

Arslan: Ja, natürlich. Man nimmt viel mehr Rücksicht bei Diskussionen über Migration, wenn man weiss, dass MigrantInnen dabei sind, welche bei der Debatte mitsprechen können. Eine Seconda ist Teil dieser Gesellschaft, aber trotzdem nicht genau das, was sie sein sollte. Man weiss nicht genau, wie man damit umgehen soll. Ist sie eine Schweizerin oder eine Fremde? Es bereitet Mühe, eine Seconda einzustufen.

Spieler: Wie stufst du dich selber ein?

Arslan: Ich bin eine Seconda. Du fragtest nach meiner Ent-Fremdung durch die Wahl. Ja, sie findet statt, wenn man das Gefühl hat, Erfolg zu haben, wenn man es zu etwas gebracht hat. Das ist ja auch bei den Yakin-Brüdern so, die mittlerweile als Schweizer wahrgenommen werden. Mit dem Erfolg wird man Teil der Gesellschaft.

Spieler: Das ist die Aussenansicht. Welches ist denn die Innenansicht?

Arslan: Ich habe mich nie fremd gefühlt. Deshalb kann ich nicht sagen, dass ich ent-fremdet worden bin.

Spieler: Christophe Tafelmacher verwendet im Untertitel des von ihm zusammen mit Alain Maillard herausgegebenen Buches *Faux réfugiés?* den Begriff »Dissuasion«. Der Begriff kommt aus der Militärsprache und heisst dort so viel wie die »Abhaltung« eines Feindes. Ist »Dissuasion«, oder eine Abwehrpolitik, die zentrale Strategie aller Fremdmacher?

Tafelmacher: Es ist für mich schwierig zu entscheiden, ob dies die zentrale Strategie ist oder nicht. Ich habe seit den 80er Jahren, seit Peter Arbenz und Elisabeth Kopp, erfahren, dass man die Asylpolitik offiziell als Dissuasionspolitik definiert. Das ist ein Widerspruch in sich: Asyl ist Aufnahme, Dissuasion ist Rückweisung. Dabei gibt es zwei Dimensionen. Die eine ist die Aufstellung der Armee an der Grenze, um Einreisen zu verhindern. Das war mehr eine Inszenierung, die an sich keine effektive Dissuasion war. Hingegen entstand in der Wahrnehmung der Bevölkerung das Bild der Invasion. Diese wurzelt im historischen Überfremdungsdiskurs, wie Rothmunds »Verjudung«, in der immerwährenden Idee, durch eine Invasion von aussen, durch eine vom Ausland kommende Gefahr bedroht zu sein. Dabei gerät man in eine militärische Denkweise. Zu sagen, dass die ganze Welt in die Schweiz kommen will, habe ich immer als ausserordentlich arrogant empfunden. Als ob es hier so wunderbar wäre, dass sechs Milliarden Menschen nichts anderes wünschten, als in die Schweiz zu kommen. Das ist nicht wahr. Wenn man mit den Leuten spricht, die hier im Exil leben, weiss man, dass dies grosses Leiden bedeutet. In vielen Gesellschaften ist die Flucht auch ein Tabu. Es ist eine völlige Verblendung zu meinen, alle wollten zu uns kommen. Diese Darstellung entspricht einer Irreführung der Bevölkerung.

Ich möchte einen persönlichen Bezug herstellen zu dem,

was Sibel vorhin gesagt hat. Ich bin im Ausland geboren, habe einige Jahre in Mexiko gelebt. Als ich in die Schweiz kam, hatte ich sehr rote Haare. In der Schule hier erfuhr ich grosse Ablehnung; man behandelte mich als kleinen, dreckigen Mexikaner. Als dreckiger Mexikaner ausgegrenzt zu sein, war meine erste Erfahrung in der Schweiz – ausserhalb meiner Familie. Meine Reaktion darauf war, wie das bei kleinen Kindern natürlich ist, mein Spanisch zu vergessen, um mich besonders stark zu integrieren. Das hat mir nicht sehr geholfen. Ich musste Spanisch später wieder neu lernen. So hat die Schule einen Fremden produziert. Für mich war dies unverständlich, denn es war mein Leben. Ich hatte ja in Mexiko gelebt und konnte daran nichts ändern. Ich denke, diese Erfahrung hat dazu beigetragen, dass ich mich für die Asylfrage sensibilisieren liess. Was heisst Schweizer, was heisst Fremder zu sein? Ecuadorianische Sans-papiers des Waadtländer Kollektivs beispielsweise sagen an den Berner Treffen: »Wir sind Waadtländer«, und die Sans-papiers aus Basel sagen: »Wir sind Basler«. Das zeigt deutlich, dass man mehrere Zugehörigkeiten hat.

Noch ein Wort zum Feminismus: Mich schockiert es, dass man die AusländerInnen und die ausländischen Kulturen dazu benutzt, um die Schweizer Gleichstellungsprobleme zu verschleiern. Nämlich indem man sagt, es gäbe in fremden Kulturen, in den »schrecklichen muslimischen Kulturen«, grosse und entsetzliche Frauenunterdrückung, während die häusliche Gewalt unter Einheimischen vertuscht wird.

Sancar: Das ist auch eine Kritik an der Solidarität unter Frauen. Gerade die Hierarchisierung aufgrund der Fremdzuschreibungen gegenüber den Migrantinnen reproduziert eine Hierarchie unter Schweizerinnen und zugewanderten Frauen. Man kann dies beispielsweise deutlich an der Reprivatisierung der Hausarbeit mit der Anstellung einer Migrantin zeigen. Die einheimischen Frauen können so Karriere machen, erfolgreich und emanzipiert sein. Die Emanzipation gehört uns, während man den Migrantinnen kollektiv die Emanzipation abspricht. Es gibt dabei immer Ausnahmen – dann, wenn eine einzelne Migrantin Karriere macht. Aber das Kollektiv bleibt in der Ecke der nicht-emanzipierten, traditionsverhafteten diffusen Gruppe von Migrantinnen aus dem Süden. Es spielt dann keine Rolle, ob es sich um Latina oder Schwarze handelt.

Arslan: Die Einheimischen stellen sich auf den Standpunkt, dass ›wir‹ im Recht sind und das Handeln ›anderer‹ nicht nachvollziehen können oder wollen, dass es so richtig ist und so sein muss, beispielsweise im Haushalt. Die Migrantinnen müssen lernen, dass es so gemacht werden muss. Es ist die Haltung: Wir lehren euch, wie das geht.

Spieler: Es gibt den Trend zu einer Dienstbotengesellschaft, in der Migrantinnen eine wichtige Rolle spielen, auch im Dienst von Mittelschichten, die durchaus politisch links und feministisch sein können. Sie bekommen ein schlechtes Gewissen, wenn sie das hören. Wie sollen sie sich verhalten?

Glättli: Es gibt aber auch, wie Christoph angesprochen hat, einen falschen, verqueren Emanzipationsdiskurs. Plötzlich nehmen rechte Kreise das Bild der Migrantin als Opfer auf und behaupten, dass deren Emanzipation durch die fremde Männerkultur verhindert wird. Dabei blenden sie aus, dass sie, wenn es um die allgemeine Emanzipationsfrage geht, keine progressive Haltung einnehmen. Es ist das Bild der Frau als Opfer der südlichen Kultur und von uns als fortschrittlich westlicher Kultur.

Sancar: Genau, das ist der Diskurs der St. Galler Regierungsrätin Karin Keller: auf der einen Seite ein hundertprozentiges Engagement für die Opfer von häuslicher, patriarchaler Gewalt, auf der anderen Seite die Öffnung eines Raums, wo man rassistisch ausschaffen kann – unter Umgehung aller Gesetze, doch mit dem Alibi, Frauen zu schützen. Dies ist eine Überschneidung der Ausgrenzungen, wie beispielsweise die Befreiung der afghanischen Frauen durch die Invasion der USA.

Spieler: Es gibt bei den Fremdmachern eine eigenartige Dialektik, die darin besteht, dass sie sich »fremd im eigenen Land«, also ebenfalls fremdgemacht fühlen. Ich frage mich jedoch, ob dieser Diskurs nur von rechts besetzt ist. Stellt er sich nicht auch ein, wenn eine nationalkonservative Hegemonie die Politik bestimmt und alles ausgrenzt, was nicht auf ihrer Linie ist? Es gibt Abstimmungen, bei denen ich mich durchaus auch »fremd im eigenen Land« fühle. Was heisst hier fremd?

Glättli: Was heisst eigen? Ich habe mich selten *fremd im eigenen Land* gefühlt. Ich habe mich oft fremd gefühlt. *Im eigenen Land* hat eine geografische und possessive Komponente – im Sinne einer Leitkultur. Das Fremdmachen hat, wie am Anfang gesagt wurde, verschiedene Dimensionen. Es gibt den bösen, nicht-integrierten Fremden, aber auch den Fremden, der unsere Gebräuche angenommen hat und sich über die Einbürgerung in den Volkskörper einschleicht, im Innersten jedoch nicht zum echten Schweizer geworden ist – der gewissermassen in unserer Kultur ein ›Schläfer‹ ist. Deutlich wird dies bei den Einbürgerungsfragebogen: Neben der Abfragung von historischem Wissen gibt es auch Gesinnungsfragen, wie: »Was tun Sie, wenn Ihr Sohn Ihnen sagt, dass er schwul ist?« Diese Fragen versuchen, das kulturell Versteckte hervorzulocken. Um dem Fremden vermeintlich Herr zu werden, will man nicht mehr nur an den Grenzen abwehren, sondern das Innere der Menschen kontrollieren.

Spieler: Zugespitzt gesagt: Man ist kein Fremder mehr, wenn man selber fremdenfeindlich geworden ist.

Sancar: Eigentlich geht es um die Definition des ›Wir‹. Die Definition des Fremden ist das Komplementäre des Eigenen. Das ändert sich auch immer wieder, es gibt immer wieder Brüche, Löcher, die Durchlässigkeit ermöglichen. Die Frage ist, wer zieht wann und wie die Grenze zwischen dem ›Wir‹ und dem anderen? Es gibt durchaus Migrantinnen und Migranten, deren individuelle Geschichte man wahrnimmt und die man nicht als Fremde sieht. Das Zentrale ist, dass man über die Zuschreibung des Fremden an Gruppen den Gruppenmitgliedern die Individualität abspricht, wie bei den Gruppen der Hooligans, der Junkies undsoweiter. Es sind Gruppen, die man als Konglomerat von Wesen sieht, die unsere Vorstellungen von neoliberalen Prinzipien der Individualität nicht teilen. Die Frage an ein zukünftiges Handeln heisst: Wo werden solche Grenzen wie gezogen und wie wird es gerechtfertigt? Und wenn es legitimiert ist, kann man mit dem ganzen Sicherheitsapparat dahinter gehen und die Ausgrenzung noch verstärken.

Tafelmacher: Wenn man mit Leuten auf diesem generellen Niveau diskutiert, verliert man gegenüber dem dominanten Diskurs. Wenn die Leute oder sogar ein Rechts-Politiker mit einem Flüchtling in Kontakt treten, ist dieser kein Fremder mehr. Er ist ein Mensch mit einem Namen, einer Geschichte. Dann verändern sich die Leute völlig und sind zu erstaunlicher Zivilcourage bereit. Das ist eine wichtige Erfahrung von SOS-Asile Vaud in den letzten 20 Jahren. Danach steht aber immer der schwierige Schritt vom Einzelfall zur Generalisierung an. Manche machen ihn ansatzweise. Beispielsweise traf ein von einer freisinnigen Gemeinde gewählter, etwas engstirniger Lehrer, der einen gemischten Chor leitete, auf ein kurdisches Kind, welches das bisherige Leben des Lehrers völlig auf den Kopf stellte. Er ist danach zu einer Stütze unserer Rechtsberatungsstelle geworden, hat sogar für Josef Zysiadis gestimmt und sich mit der Hälfte seiner Familie zerstritten. Diese Umstellung hätte nicht stattgefunden, wenn die Projektionsfläche des Fremden nicht hinter der Begegnung mit dem Jungen verschwunden wäre.

Spieler: Das passiert zum Glück auch in der Deutschschweiz, dass Asylsuchende als Individuen wahrgenommen werden, wenn sie ein Gesicht bekommen. Es kann in einer SVP-dominierten Gemeinde zu einer Solidarisierung mit Flüchtlingen kommen. Die Wahrnehmung der Individualität ist ganz wichtig im politischen Diskurs und kann sich bewusstseinsverändernd auswirken.

Glättli: Ich finde dies auch ein wichtiges Vorgehen, aber es muss gut reflektiert werden. Man muss diese Leute als eigene Subjekte mitsamt ihren Widersprüchen leben lassen. Sonst nährt sich das Vorgehen vom Bild des ›guten Juden‹. Man ist den Juden zwar im Allgemeinen böse, aber dieser einzelne Mensch ist eine Ausnahme, die letztlich die Regel bestätigt. Der Einzelmensch darf nicht als Wunder dargestellt werden. Das ist ja auch die Gefahr, wenn man Einzelschicksale den Medien zuspielt, wo die Vielschichtigkeit in der zwischenmenschlichen Begegnung verloren geht, wie im erwähnten Beispiel von Solongo: Während einer Zeitspanne ist alles super, dann kippt es plötzlich ins Gegenteil.

Tafelmacher: Es hat mich bei Medienkonferenzen immer wieder verblüfft, dass immer nur das Individuelle aufgenommen wurde, nicht aber die Aussage über die asylpolitischen Voraussetzungen. Alles Generalisierende wurde herausgefiltert.

Arslan: Genau das passiert, wenn man als eine Vorzeige-Fremde dargestellt wird. Ich erlebe das auch bei den Türkinnen und Kurdinnen aus meinem Umfeld, die so dargestellt werden möchten wie ich. Wenn sie die Möglichkeiten nicht haben, die ich habe, dann stösst man sie in eine Ecke. Das ist sehr gefährlich.

Wir lieben eigentlich das Fremde – es ist reizvoll –, aber nicht den Fremden, weil wir ihn nicht kennen. Es braucht eine Fassbarkeit. Wie fassbar ist der Begriff des Fremden?

Weber: Man will ja mit solchen Einzelfällen Goodwill schaffen. Wenn man in die Geschichte der Asylbewegung zurück schaut, erkennt man, dass dies eine heikle Sache ist. Meine Kritik war immer, beispielsweise bei der Aktion für abgewiesene Asylsuchende (AAA), dass man den Betroffenen etwas verspricht, was man dann schlicht nicht halten kann. Man versteckt Asylsuchende, zeigt sie aber gleichzeitig den Medien, man macht eine grosse Geschichte daraus, man erweckt grosse Hoffnungen, dass sie dank Medienarbeit vielleicht hier bleiben können, und am Schluss werden sie ausgeschafft, sie gehen selber in ein anderes Land oder müssen untertauchen. Das ist also sehr heikel. Man soll es machen, aber man muss alles sehr gut vorbereiten – und nur mit Leuten, die das auch selber wollen. Der Umgang mit den Politikern und den Medien ist alles andere als einfach. Wir haben genügend schlechte Beispiele.

Wenn es um die Verschärfungen geht, wenn es den Politikern gelungen ist, die Gesetze in all den Jahren dermassen zu verschärfen, dass sie gar nicht mehr Asylgesetz genannt werden dürften, dann ist das in erster Linie unser Problem, das heisst, von den Leuten, die hier leben und das Stimm- und Wahlrecht haben. Erst in zweiter Linie ist es ein Problem der Betroffenen. Ich fühle mich dann fremd in diesem Land, wenn das so weitergeht wie jetzt – wenn eine SVP die schlimmsten Verdächtigungen als Wahrheit verkünden kann, und niemand schreit auf, auch die Medien nicht, sie drucken es brav ab; wenn wir einen Justizminister haben, der in der Öffentlichkeit Flüchtlinge aus Albanien beschimpfen kann; wenn wir eine Mehrheit haben, die alle kriminalisiert: die Jugendlichen, die Asylsuchenden, die MigrantInnen oder die Behinderten. Dann fühle ich mich wirklich fremd in diesem Land. Umso wichtiger ist es, dass wir weiterkämpfen.

Arslan: Es ist aber auch wichtig, dass Fremde ermutigt werden.

Spieler: Diese Entindividualisierung im Kollektiv widerspiegelt jene der Fremdmacher. Die SVP-Politik tritt ja auch wie ein entindividualisiertes Kollektiv auf, das die von Catherine beschriebenen Prozesse in Gang setzt.

Sancar: Man müsste die Rolle des Staates mehr thematisieren. Der Staat hat in den letzten zehn Jahren seine steuernde Rolle verloren und hat trotzdem den Anspruch, eine solche einzunehmen. Das erzeugt einen Widerspruch im Staatsverständnis. Die Gesetzesverschärfungen sind ebenfalls Produkt dieses Widerspruchs. Auch die neuen Dienstleistungsabkommen (GATS) sind Entwicklungen, bei denen der Staat seinen direkten Einfluss verliert. Eigentlich müsste sich der Staat ganz neu im Migrationsbereich als globalem Prozess positionieren. Er müsste seine Rolle neu definieren. Ob das nun SVP- oder andere Diskurse sind, es wird immer so getan, als könnte der Staat das alles managen. Aber es ist offensichtlich, dass er das nicht kann. Das hat man ja auch an der grossen Migrationskonferenz vom Juli in Rabat gesehen.

Tafelmacher: Die Rolle des Staates ist in der Tat ein grundlegender Punkt. Dieselben, welche dem Staat die Mittel entziehen, wollen ihn als eine zentrale Struktur von Souveränität erhalten. Es ist vor allem die militärische Struktur, welche die staatliche Souveränität bewahren soll. Auf der anderen Seite will man den die Grundrechte gewährleistenden Staat abbauen. Das Ausländerrecht hingegen befindet sich im Kernbereich der staatlichen Souveränität. Mit der Globalisierung belässt man dem Staat die polizeilichen Aufgaben, um die Bürger und MigrantInnen zu überwachen.

Spieler: Der Staat zeigt zwar Muskeln, ist aber im Grunde genommen machtlos. Die permanente Verschärfung des Asyl- und Ausländerrechts hat zum siebten Mal ein Referendum zur Folge. Ein Einwand aus unseren eigenen Reihen war immer: Solche Referenden seien kontraproduktiv angesichts der Mehrheitsverhältnisse. Welches sind die Gründe dieser permanenten Verschärfungen? Die Rechte will immer noch mehr davon, die hängt an der Repression wie der Junkie an der Nadel.

Tafelmacher: Man versteht die Entwicklungen im Asylrecht nicht, wenn man nicht gleichzeitig andere Gesellschaftsbereiche im Auge behält. Der Asylbereich ist immer ein Versuchslabor gewesen. Die getesteten Verschärfungsinstrumente hat man dann in anderen Gesellschaftsbereichen eingesetzt, wie im Arbeitslosen-, Invaliden- und Sozialhilfebereich. Man hat die Verschärfungen zuerst als Asylmassnahmen angepriesen und hinterrücks den Abbau weiterer Sozialrechte vorbereitet. Die lächerlich kleine Minorität der Asylsuchenden diente lediglich als Testgruppe.

Weber: Das Schlimme ist ja, dass diese Gesetze – Asyl, Migration, Staatsschutz – ohne sichtbare Not verschärft werden. Bei den Invaliden wiederum betreibt man seit einiger Zeit die Kampagne gegen die so genannten Scheininvaliden, aber es gibt keine Notwendigkeit dafür. Das finanzielle Problem kann man anderweitig lösen. Ich denke, anders als Annemarie, dass der Staat die Verantwortung übernehmen kann, aber dies nicht mehr *will*. Er gibt sie sukzessive ab. Er könnte sie haben, aber er will nicht.

Sancar: Es gibt eine neue Rolle des Staates: diejenige der migrationspolitischen Steuerung in der globalisierten Wirtschaft. Hier ist er in seiner Nationalstaatlichkeit in unlösbaren Widersprüchen gefangen und blockiert. Auf der anderen Seite hat er die Rolle des Sozialstaates. Das Wohlfahrtssystem aus den 60er und 70er Jahren ist vermutlich auf die Dauer nicht haltbar. Es ist natürlich am einfachsten, die stereotypisierten Negativ-Gruppen fern zu halten, damit man dort nicht so viel re-investieren muss. Um sie legal auszugrenzen, verschärft man ebenfalls die Gesetze.

Arslan: Hinsichtlich Asyl- und Ausländergesetz ist die Linke sehr schwach. Ich bin jetzt in Basel seit zwei Jahren in einer rot-grünen parlamentarischen Mehrheit, aber es hat sich noch nichts verändert. Beispielsweise das problematische Basler Integrationsgesetz. Das hätte gar nicht auf den Tisch kommen dürfen. Wenn sich das schon im kleinen Rahmen so abwickelt, wird es nicht viel anders im Bundeshaus sein.

Man müsste eine politische Linie haben – egal ob das gut kommt oder nicht. Man hat ja das Parteiprogramm. Aber das wird gar nicht berücksichtigt, weil die Linken bürgerliche Wähler gewinnen wollen.

Tafelmacher: Es gibt eine Xenophobie der Linken.

Sancar: Es stimmt, was Sibel sagt: Es gibt keine linke Migrationspolitik. Es gibt kleine Versatzstücke einer linken Integrationspolitik, kleine Nischen, wo man eine linke Programmatik einfliessen lassen kann. Aber in Bezug auf die Zulassungspolitik – wer darf und kann kommen – gibt es keine linke Positionierung. Das finde ich ganz schwierig, weil die heutige Zulassungspolitik nur noch eine Steuerung der Abwehr ist. Es geht da nur noch darum, zu schliessen. Was soll da die Linke? Die Grenzen ganz zu öffnen ist ja kein Programm.

Weber: Es gäbe durchaus ein Programm. Zu unserer Ehrenrettung möchte ich daran erinnern, dass wir vor etwa fünf Jahren, kurz nach der Vernehmlassung zum neuen Ausländergesetz, versuchten, alles was links ist, zusammenzutrommeln, um über eine linke Einwanderungspolitik zu diskutieren. Das war gar nicht so schlecht. Man darf und sollte durchaus darüber diskutieren, ob die Grenze für alle gleich offen sein muss. Das Problem ist halt die Realität. Es ist uns nicht gelungen, Punkte aufzuzählen, hinter denen sich alle Linken vorbehaltlos hätten stellen können. Es kam auch zu klaren Differenzen zwischen der Deutsch- und Westschweiz. Wenn man von linker Politik redet, muss man fragen, wer bestimmt denn, was linke Politik ist? Die Gewerkschaften als grosse Kraft oder die grossen Parteien wie die SP? Es war ja schwierig, bis sich die SPS zu einem zweifachen Nein gegen das Asyl- und Ausländergesetz durchringen konnte.

Spieler: Mich erstaunt besonders das Argument der Rechten, wir müssten das Asylgesetz verschärfen, um die humanitäre Asyltradition aufrechterhalten zu können. Wie begegnen wir dem?

Tafelmacher: Die humanitäre Tradition der Schweiz ist eine Lüge. Es gibt sie nicht. Sie ist ein Mythos. Es gab im 19. Jahrhundert Phasen, als man Flüchtlinge aufnahm, und andere Phasen, als man das nicht tat. Man hat die Aufnahme mythisiert, ohne sich zu erinnern, was im Zweiten Weltkrieg passiert ist. Es sind ausschliesslich jene paar tausend Männer und Frauen, die wie Paul Grüninger den Flüchtlingen unter grossen Risiken und Strafen geholfen haben. Das ist im Grunde genommen die humanitäre Tradition, die danach auch in der Bewegung weitergelebt hat. Sonst gibt es sie nicht.

Sancar: Es gibt so viele Berichte, die klar zeigen, dass es sich um einen Mythos handelt. Warum gelingt es, diesen Mythos immer wieder nutzbar zu machen?

Spieler: Ich finde es eine der schlimmsten Verschlechterungen am Asylgesetz, dass man die achtenswerten Gründe von Fluchthelfern streicht und damit Solidarische kriminalisiert. Es gibt eine christlich-jüdische Gemeinschaft in der Westschweiz, die den Finger auf diesen Punkt legt.

Ist der bürgerliche Widerstand nicht eine neue Qualität in dieser Auseinandersetzung? Ich habe den bürgerlichen Widerstand bei den Zwangsmassnahmen im Ausländerrecht, die ja die eigentliche Zäsur in dieser Verschärfungsreihe bildeten, in diesem Ausmass nicht wahrgenommen, wie das heute der Fall ist. Ich denke an den Swisscom-Präsidenten Markus Rauh, CVP-Nationalrätin Rosmarie Zapfl bis hin zu Rolf Bloch.

Weber: Rolf Bloch war schon beim Widerstand gegen die Zwangsmassnahmen dabei. Es gab Einzelne, vielleicht hat es heute ein wenig mehr, vielleicht sind ein paar Ältere auch weiser und vernünftiger geworden. Viele hat die Verweigerung der Nothilfe aufgeschreckt. Ein wichtiges Element ist Bundesrat Blocher. Die gleichen Kreise, die den Bürgerlichen bei den Zwangsmassnahmen entgegengekommen sind um Ruhe zu haben, sind dieselben, die gesagt haben: Wählen wir Herrn Blocher in den Bundesrat, dann ist er versorgt, dann macht er nichts Dümmeres. Und wir sehen ja jetzt, was er macht.

Glättli: Die Wahrnehmung und zum Teil Glorifizierung des bürgerlichen Widerstands ist leicht paradox. Eigentlich ist die Ausgangslage ja desolat. Eine Asylgesetzrevision, die weit härter ist als die im Herbst 2002 von CVP und FDP offiziell abgelehnte SVP-Anti-Asylinitiative, geniesst plötzlich die Unterstützung der beiden Parteien und der meisten ihrer ParlamentarierInnen. Umgekehrt erhalten die wenigen echt liberalen bürgerlichen DissidentInnen und ihre Argumente eine überproportionale Aufmerksamkeit, desgleichen die abweichenden Parolen welscher Kantonalparteien von CVP und FDP. Es wäre paradox – aber natürlich wunderbar –, wenn heute die liberale Haltung Einzelner zu mehr Nein-Stimmen führen könnte als damals das halbherzige Nein der ganzen bürgerlichen Parteien, die vor allem argumentiert hatten, dass es andere als die von der SVP vorgeschlagenen Instrumente brauche, um den so genannten Missbrauch zu bekämpfen.

Spieler: Mir fällt auf, dass vor allem Persönlichkeiten der älteren Generation dem bürgerlichen Referendumskomitee angehören. Vermutlich ist für sie das Versagen der Schweiz im Zweiten Weltkrieg zeitlich näher.

Ich habe aber noch eine andere Frage: Warum gibt es eine so lange anhaltende Solidaritätswelle in der Waadt?

Tafelmacher: Meine Hypothese lautet, dass in der Asylbewegung von Waadt eine starke Kontinuität von zahlreichen Bewegungen und Gruppierungen herrscht. Ich selbst bin eine Art Inkarnation davon. Ich habe im Kirchenasyl von St. Amédée im Jahr 1985 begonnen und bin immer noch dabei. Ich habe mich immer für die Geschichten von Flüchtlingen interessiert. In anderen Kantonen gab es eher Unterbrüche. Es gab zwar Aktionen, aber der Faden ging nicht weiter. Das ist meine Hypothese. Jedenfalls sind die Waadtländer genetisch nicht die engagierteren Menschen. In den Deutschschweizer Kantonen hat die Illegalisierungsregel für Asylsuchende mit Nichteintretensentscheid einige Bewegung ausgelöst. Erstaunlich ist das grosse Solidaritätsnetz in St. Gallen, obwohl es dort über längere Zeit keine grösseren Aktivitäten gab.

Arslan: Ich habe das Gefühl, die Westschweizer haben weniger Berührungsängste.

Tafelmacher: Wenn man die Städte Basel, Bern, Zürich, Genf, Lausanne vergleicht, entdeckt man mehr Gemeinsamkeiten als zwischen Lausanne und dem Waadtländer Landgebiet. Zwischen den Letzteren gibt es sehr starke Spannungen.

Spieler: Ich eröffne nun die Schlussrunde mit der Frage: Wie geht es weiter nach der nächsten Zäsur, der Abstimmung vom 24. September?

Sancar: Was können wir machen auf der Ebene der Gesetzgebung? Gibt es neue Öffnungen im Bereich der parlamentarischen Politik? Worauf muss man besonders achten? Die Frage der Sicherheit wird in den nächsten Jahren extrem wichtig werden. Regierungsrätin Karin Keller in St. Gallen hat gesagt, sie möchte im Strafrecht neben dem Nötigungsartikel noch einen zusätzlichen Strafartikel für Zwangsehen einführen. Solche Dinge sind extrem gefährlich. Wir müssen vor allem aufpassen, wie künftig der Sicherheitsstaat ausgebaut wird.

Auf der ausserparlamentarischen Ebene geht es darum, soziale Bewegungen längerfristig zu aktivieren und zu öffnen – über die Asylfrage hinaus – und weitere Fremdgemachte einzubeziehen.

Spieler: Und wie kommen wir aus der Defensive heraus?

Weber: Das ist immer die Gretchenfrage. Die Mehr- und Minderheiten sind, wie sie sind. Man muss alles daran setzen, dass die nächsten Wahlen die Gewichte im National- und Ständerat zu unseren Gunsten verschieben. Auf dieser Ebene haben wir eine Verantwortung für die nächsten Jahre und Jahrzehnte. Immer wieder dran bleiben – es zeigt sich, dass sich das auch lohnt. Sibel, du sagst, in Basel habe sich seit der neuen Grossratsmehrheit noch nicht viel verändert. Gib ihnen eine Chance – in Bern hat es auch lange gedauert, bis die rotgrüne Mehrheit etwas spürbar verändern, verbessern konnte. Es braucht einen langen Atem. Wenn sowohl Asyl- wie Ausländergesetz abgelehnt würden, wäre das ein Wunder, wie wenn die Schweiz in den WM-Halbfinal gekommen wäre. Ich gehe eher davon aus, dass die beiden Gesetze knapp, vielleicht das Asylgesetz sehr knapp, angenommen werden. Das wäre ein ausserordentlicher Achtungserfolg für die Bewegung, für alle, die sich intensiv engagiert haben.

So oder so, man darf sich keine Illusionen machen. Die Erfahrungen der letzten 20 Jahre zeigen, die Praxis kann man immer noch verschärfen. Die rechtliche Ebene ist das eine, aber was in der Praxis tatsächlich gemacht wird und noch auf uns zukommt, das andere: Da wird weiter daran gedreht und verschärft. Darum ist es extrem wichtig, das breite Bündnis, welches durch die Referenden entstanden ist, auch nach dem 24. September 2006 aufrechtzuerhalten und weiterzuziehen. So wie das in der Welschschweiz immer besser funktioniert hat. Dass man gemeinsam gegen den Abbau der Grundrechte kämpft. Dazu gehören längst nicht nur der Asyl- und Migrationsbereich, sondern eben auch die Sozialrechte. Wir sind ebenso gefordert, wenn das Referendum gegen die IV-Revision lanciert wird. Da müssen wir die Behinderten unterstützen, denn dieser Sozialabbau betrifft uns alle. Auch der Staatsschutz ist so ein Bereich, Strafrecht, Strafvollzug, wo man den Leuten immer mehr Rechte wegnehmen will. Im Gesamten an den Grundrechten dranbleiben und deren Abbau verhindern, das ist ein Muss.

Glättli: Ich teile Catherine Webers Auffassung, dass das Einstehen für die Grundrechte ein zentraler Punkt ist. Ich meine allerdings, dass der Erfolg nicht nur eine Frage der Stärke rechter und linker Parteien ist und sein darf. Wir müssen heute auch aus ursprünglich liberaler Sicht – und gegen den neo-liberalen Trend – die Rolle des Staates offensiv neu thematisieren und neue Allianzen eingehen. Denn es geht darum, die ›alten‹ bürgerlichen Freiheiten wieder auf die politische Traktandenliste zu setzen. Ohne diese Freiheiten ist jede Perspektive eines demokratischen Wandels versperrt. Der Missbrauchsdiskurs setzt ja in einem gewissen Sinn auch den Staat als Vertreter der Gemeinschaft in die Opferrolle. Wir müssen die modische Doktrin des Staatsschutzes – auch in diesem Sinne – bekämpfen und einstehen für den Schutz des Individuums und seiner Rechte vor dem Machtanspruch des Staates. Der Staat hat dort eine positive Funktion, wo er die Grund- und Sozialrechte der Menschen garantiert, und nicht dort, wo er sich vor eben diesen Ansprüchen schützt.

Arslan: Ich fände es eine grosse Enttäuschung, wenn das Asyl- und das Ausländergesetz angenommen würden. Es war für mich schon eine riesige Enttäuschung, als die Stimmbürger die erleichterte Einbürgerung der zweiten Generation verworfen haben. Ich dachte, das geht doch einfach nicht. Wir leben in einer Zeit, in der keine Grenzen sein und wir über alle Grenzen hinweg blicken sollten. Und trotzdem sind wir immer noch so eingeschränkt. Für mich wäre die Annahme der beiden Gesetze wieder ein Zeichen des Rückschritts.

Tafelmacher: Eine zentrale Frage wird es bleiben, zu vermitteln, dass wir die Realisten und die anderen die Wirklichkeitsfremden sind. Das ist uns bei den Sans-papiers gelungen. Es waren die Rechten, die sagten, die Sans-papiers seien nicht hier, weil sie nicht hier sein dürfen, und man müsse sie alle zurückschicken – was ja überhaupt nicht möglich ist. Wir hingegen argumentierten sehr pragmatisch: Die Sans-papiers sind hier. Man muss mit dieser Situation besser umgehen, man kann nicht tun, als würden sie nicht existieren. Man stellt die Argumentation auf den Kopf und sagt der Rechten und Blocher: Ihr seid es, die naiv denkt und unter Realitätsverlust leidet. Es gibt Hunderttausende von Frauen, Männern und Kindern, die hier illegalisiert leben. Die wirtschaftlichen Interessen für sie sind offensichtlich. Sie werden nicht durch EU-Angehörige ersetzt werden können, weil diese sich kaum wie Sans-papiers ausbeuten lassen wollen. Es gibt ja den berühmten Vorstoss der Genfer Regierung. Er schlägt zum ersten Mal eine kollektive Lösung vor: Einen ganzen Wirtschaftssektor mit 5000 Beschäftigten insgesamt zu legalisieren. Ich bedauere sehr, dass der Kanton Waadt die Genfer Regierung nicht unterstützt hat. Das ist leider eine Niederlage von uns. Genf steht hier ganz allein. Aber für mich sollte der künftige Diskurs in diese Richtung gehen: Voilà, diese 5000 Personen sollen regularisiert werden.

Weber: Sibel, du hast es angesprochen, dass man immer wieder, wie bei der Frage der Einbürgerung, in die reaktive Rolle gedrängt wird. Die Abstimmung über die erleichterte Einbürgerung hat uns alle zutiefst frustriert. Da waren wir wirklich alle am Boden. In diesem Bereich haben wir noch Hausaufgaben zu machen.

Sancar: Bis die Letzten merken, dass es auch ihnen nützt.

Spieler: Die Diskussion hat mir gezeigt, dass der Titel des vorliegenden Buches gut gewählt ist: Es gibt sehr viele fremd Gemachte in diesem Land. Alle, die mit dem Präfix ›Schein-‹ versehen werden, sind Fremdgemachte. Es wäre schön, wenn es eine Solidarität unter allen fremdgemachten Gruppen gäbe. Herzlichen Dank für dieses Gespräch.

Zitierte Literatur

Arbeitsgemeinschaft Mitenand und Kontaktstellen Schweizer-Ausländer von Genf und Lausanne (Hg.), 1979: Weissbuch: Die Ausländer in der Schweiz. Eigenverlag, Bern.

Banki, Christine/Späti, Christoph, 1994: Ungaren, Tibeter, Tschechen und Slowaken. In: Goehrke/Zimmermann (Hg.), 1994, S. 382–395.

Braunschweig, Peter/Meyer, Jürg, 1974: Chile-Flüchtlinge – Schweizer Asylpolitik. Z-Verlag, Basel.

Brückner, Peter, 1984: Vom unversöhnlichen Frieden. Aufsätze zur politischen Kultur und Moral. Verlag Klaus Wagenbach, Berlin.

Brühlmann-Jecklin, Erica, 1994: Das Schweizerkreuz nicht mehr ertragen. Die Flüeli-Ranft-Flüchtlinge und ihre VersteckerInnen im Jubeljahr 1991. Nussbaum Verlag, Basel.

Buomberger, Thomas, 2004: Kampf gegen unerwünschte Fremde. Von James Schwarzenbach bis Christoph Blocher. orell füssli, Zürich.

Busch, Heiner, 1995: Grenzenlose Polizei? Neue Grenzen und polizeiliche Zusammenarbeit in Europa. Westfälisches Dampfboot, Münster.

Busch, Nicholas, 1994 : Schengen, laboratoire d'une Europe sécuritaire. In: Caloz-Tschopp (Hg.), 1994.

Caloz-Tschopp, Marie-Claire (ed.), 1993: Montrez patte blanche. Les nouvelles frontières du ›laboratoire Schengen‹; Texte zusammengestellt von Caloz-Tschopp, herausgegeben von Coordination Asile Suisse, BODS, SOS-Asile Vaud, CETIM, Genf (erhältlich beim Archiv von Solidarité sans frontières).

Caloz-Tschopp, Marie-Claire (ed.), 1994: Asile, Violence, Exclusion en Europe. Histoire, analyse, prospective. Cahiers de la Section des Sciences de l'Education, Université de Genève et Groupe de Genève, »Violence et droit d'asile en Europe«. Genève.

CEDRI (Hg.), 1986: Widerstandsrecht? Widerstandspflicht! Banquet républicain im Waldheim Ostermundigen/BE.

Dietrich, Helmut/Glöde, Harald, 2000: Kosovo. Der Krieg gegen Flüchtlinge. Forschungsgesellschaft Flucht und Migration Heft 7. Verlag Schwarze Risse, Hamburg.

Ent-fremdung, 1996: Migration und Dominanzgesellschaft. Beiträge zur feministischen theorie und praxis, Heft 42, Köln.

Erlanger, Simon, 2006: Nur ein Durchgangsland – Arbeitslager und Internierungsheime für Flüchtlinge und Emigranten in der Schweiz 1940–1949. Chronos Verlag, Zürich.

Fischli, Elena/Huber, Ursula/de Mestral, Marianne/Odesti, Rosa/Persico, Marianne/Zanier, Rosanna, 1975: Manifest ausländischer Frauen. Paulus Akademie Zürich.

Freiplatzaktion Basel, 2005: Und plötzlich standen sie da. 20 Jahre Freiplatzaktion. Eigenverlag, Basel.

Frischknecht, Jürg/Haffner, Peter/Haldimann, Ueli/Niggli, Peter, 1979: Die unheimlichen Patrioten. Politische Reaktion in der Schweiz. Ein aktuelles Handbuch. Limmat Verlag, Zürich.

Goehrke, Carsten/Zimmermann, Werner (Hg.), 1994: Zuflucht Schweiz. Verlag Hans Rohr, Zürich.

Kalpaka, Annita/Räthzel, Nora, 1994: Die Schwierigkeit, nicht rassistisch zu sein. Dreisam Verlag, Köln. Zitiert in Le Breton, Maritza/Fiechter, Ursula, 2005: Verordnete Grenzen – verschobene Ordnungen, eFeF Verlag, Bern/Wettingen.

Kupper, Patrick, 2003: Atomenergie und gespaltene Gesellschaft – Geschichte des gescheiterten Projektes Kernkraftwerk Kaiseraugst. Chronos Verlag, Zürich.

Leuthardt, Beat, 1994: Festung Europa. Asyl, Drogen, ›Organisierte Kriminalität‹: Die ›Innere Sicherheit‹ der 80er und 90er Jahre und ihre Feindbilder. Ein Handbuch. Rotpunktverlag, Zürich.

Madörin, Mascha, 2005: Schummeln, verschweigen, herunterspielen. Die Schweiz und Südafrika. In: Finanzplatz Informationen, Basel 4/2005

Maillard, Alain/Tafelmacher, Christophe, 1999: ›Faux Réfugiés?‹ La politique suisse de dissuasion d'asile 1979–1999. Edition d'En Bas, Lausanne.

Müller, Elvira Y./Nabholz, Willy/Schönbächler, Maria/Zwicky, Urs (Hg.), 1986: Wer hat Angst vorm schwarzen Mann? Die Schweiz und ihre Flüchtlinge. Limmat Verlag, Zürich.

Mulugeta, Amsale/Lanz, Anni, 1999: Forderungen an eine zukünftige Migrationspolitik aus Feministischer Sicht. In: Frauenfragen zu Migration, Februar 1999.

Negele, Philipp/Pfändler, Jean-Claude, 1994: Tamilen, Kurden und Afrikaner. In: Goerke/Zimmermann (Hg.), 1994, S. 425–443.

Niggli, Peter/Frischknecht, Jürg, 1998: Rechte Seilschaften. Wie die »unheimlichen Patrioten« den Zusammenbruch des Kommunismus meisterten. Ein Handbuch. Rotpunktverlag, Zürich.

Reut, Margrit, 1996: 10 Jahre BODS. Bern, Mai 1996.

Schmid, Peter A./Roth-Hunkeler, Theres (Hrsg.), 2003: Abschied von der Spaltung. Die letzten Jahre der Schweizer Autorinnen und Autoren Gruppe Olten und des Schweizerischen Schriftstellerinnen- und Schriftsteller-Verbandes. Rotpunktverlag, Zürich (alle Beiträge zweisprachig, deutsch und französisch).

Tafelmacher, Christophe, 1996: Assignation, armée, arrêtés fédéraux urgents: émergence d'un Etat social autoritaire. In: Confrontations, Bulletin de l'Organisation socialiste libertaire, Lausanne, n° 32, avril 1996. Eine zweite, leicht veränderte Version dieses Textes erschien später in: Flagrants Délits, Lausanne, n° 13, printemps 2002, S. 21–24, sowie in: Le Devoir de fidélité à l'Etat entre servitude, liberté, (in)égalité, Regards croisés, L'Harmattan Paris 2004, S. 95–103.

Tafelmacher, Christophe, 2005: Asile: les enjeux d'une mise au pas canto nale. In: Plädoyer, Zürich 1/05.

Weber, Catherine, 1999: Zum Tod von Peter Zuber: Pionier der illegalen Menschlichkeit. WochenZeitung, Zürich 11.2.1999.
Wicki, Maja/Lanz, Anni (Hg.), 1997: So viel standen wir durch. Dorthin können wir nicht zurück. Flucht- und Exilgeschichten von Kriegsvertriebenen aus dem ehemaligen Jugoslawien. Rotpunktverlag, Zürich.
WIDEE, Wissenschaftlerinnen in der Europäischen Ethnologie (Hg.), 1993: Nahe Fremde – Fremde Nähe. Frauen forschen zu Ethnos, Kultur, Geschlecht. Wiener Frauenverlag (Reihe Frauenforschung Bd. 24), Wien.
Wottreng, Willi, 2000: Ein einzig Volk von Immigranten. Die Geschichte der Einwanderung in die Schweiz. orell füssli, Zürich.